오직　소원만으로

프로이트 아포리즘

오직 소원만으로

초판 1쇄 발행 2025년 5월 1일

—

지은이 김서영

펴낸이 이방원

책임편집 정조연   **책임디자인** 양혜진

기획 김명희·박준성   **마케팅** 최성수·이지민   **경영지원** 이병은

펴낸곳 세창미디어

　　　　신고번호 제2013-000003호 **주소** 03736 서울특별시 서대문구 경기대로 58 경기빌딩 602호

　　　　전화 02-723-8660 **팩스** 02-720-4579 **이메일** edit@sechangpub.co.kr

　　　　홈페이지 http://www.sechangpub.co.kr **블로그** blog.naver.com/scpc1992

　　　　페이스북 fb.me/Sechangofficial **인스타그램** @sechang_official

—

ISBN 978-89-5586-841-8 03180

프로이트 아포리즘

오직　　소원만으로

김서영 **지음**

세창미디어
MEDIA

오직 소원만으로

✳

1996년부터 지금에 이르기까지, 프로이트를 반복하여 읽게 되는 이유는 프로이트가 제 소원을 존중해 주었기 때문입니다. 30년에 가까운 시간 동안 제가 절망할 때 저를 붙들어 주고, 삶의 에너지가 소진되었을 때 저를 다시 무장시킨 프로이트의 문장들은 다른 시간, 다른 장소에서도 분명히 같은 역할을 수행할 수 있을 것이라는 믿음으로 오늘 다시 프로이트 전집을 열었습니다.

프로이트의 정신분석학에서 가장 중요한 단어는 '소원(Wunsch)'입니다. 내가 원하는 것, 내가 좋아하는 것, 나다운 것, 내 몸과 마음을 편안하게 만드는 것을 알고 있다면, 그 사람에게는 정신분석이 필요하지 않습니다. 그러나 이 쉬운 이야기가 어렵게 느껴진다면, 프로이트의 문장들로부터 도움을 받을 수 있습니다. 나다운 삶을 살고 있지 않다면, 늘 무엇인가에 짓눌리고, 괴롭지만 참으며, 몸에 증상이 나타나는데도 나를 위해 아무 일도 하지 않았다면, 프로이트의 이야기가 도움이 될 것입니다.

프로이트는 우리가 소원을 위해 싸워야 한다고 말합니다. 전투가 없는 곳에서는 치유되지 않습니다. 내가 내 편이 아니라면 나를 해치는 나 자신과 전투를 벌여야 합니다. 나는 아무 상관 없다고 말한다면 무심한 나와 싸워야 합니다. 누군가 강압적인 태도로 나를 위협할 때, 사랑이라는 말로 나를 구속할 때, 부부라는 이름으로 나를 노예처럼 부릴 때, 가족이라는 이름으로 나를 현금인출기처럼 대할 때, 친구라는 이름으로 무리한 부탁을 할 때, 우리는 내 몸과 마음을 해치는 이 모든 폭력과 싸워야 합니다. 전투는 나를 위해 내 현재를 바꿀 수 있는 모든 말과 생각과 행동을 포함합니다. 우리는 오직 소원만으로 우리 삶을 운용해야 합니다.

✳

저는 프로이트를 아주 잘 아는 학자입니다. 6,800쪽에 이르는 전집과 1,500쪽 분량의 전기 한줄 한줄을 마음으로 알고 있습니다. 7,000쪽에 이르는 편지들은 전집이나 전기처럼 정밀하게 반복해서 읽지는 못했지만, 시간이 나는 대로 다시 보고 있습니다. 이 책에서 뽑은 프로이트의 문장들은 제가 전집에서 가장 좋아하는 부분들이며, 제게 도움이 된 실천적인 내용입니다.

그동안 전집을 읽으며 별표를 세 개 이상 그려 두었던 문장들을 연도별로 나열하여 300개를 모은 후, 가장 중요한 문장을 제일 먼저 뽑고, 자유연상 속에서 자연스럽게 뒤따르는 문장들을 선택하여 이어 붙였습니다. 전집에서는 히스테리, 일상생활, 농담, 예술분석, 신화로 정신분석의 활용이 확장되는데, 이 순서를 그대로 담으면서 앞뒤에 효율적인 문장들을 배열하였습니다. 우선 정신분석학을 소개할 수 있는 중요한 문장들을 모으고, 개념을 설명하는 문장들을 적절한 곳에 배치하였습니다. 분석가의 자세에 대한 글은 나 자신의 이야기를 경청하는 법에 대한 조언이라는 생각이 들어서 이 부분만 따로 모아 보았습니다. 전집에서 가장 중요한 『꿈의 해석』은 전반부와 후반부에 나누어 실었고, 프로이트가 자신의 이론과 생각을 정리하는 후기 글은 후반부에 배치했습니다. 그리고 기능이 같은 유사한 문장들을 삭제하여 245개의 문장으로 줄인 후, 꼭 필요한 문장인데 처음에는 눈에 띄지 않았던 5개의 문장을 다시 찾아 넣었습니다. 또 비슷한 문장처럼 보이지만 인접 문장들과의 관계 속에서 수행하는 기능이 다른 경우가 있는데, 이와 같이 각각의 문맥 속에서 서로 다른 의미를 가지는 문장들은 남겨 두었습니다.

이 과정에서 전집은 수록 논문 수가 현저히 적고 오자가 많은 독일어판 대신, 실어증에 관련된 첫 책과 신경학에 관련된 초기 업적, 누락 및 소실된 몇몇 논문을 제외한 프로이트의 모든 글이 수록된 영어판을 이용하였습니다. 지난 2024년 6월 4일에는 마크 솜스가 교정한 영어 전집이 출간되었습니다. 이 전집에서는 제임스 스트레치의 기존 번역이 수정되었으며, 전이 신경증, 니나 R 사례 등 누락되었던 몇몇 글과 함께 짧은 서문, 편지들이 포함되어 있습니다. 솜스의 소원은 프로이트의 초기 업적인 신경학적 글들을 강조하는 것이었습니다. 그가 신경심리학자이기 때문입니다. 소원의 길 위에서 그는 현재『지그문트 프로이트 신경과학 전집』을 네 권으로 구성하고 있다고 합니다. 그의 소원을 응원하고 싶습니다. 기존 번역에서 가장 눈에 띄게 바뀐 부분은 독일어 Trieb(충동)를 본능(instinct)이 아닌 충동(drive)으로 번역했다는 점입니다. 이와 같이 늘 문제되어 온 스트레치의 특정 번역들을 수정하였다고 합니다. 저는 제 시간의 흔적이 가득한 기존 전집을 이용하였습니다. 신경과학 전집이 출간되고 나면 새로운 마음으로 솜스의 프로이트 전집을 다시 읽을 생각입니다.

프로이트의 문장들을 발췌할 때, 가능한 한 직역을 중심으로 편안한 문장을 만들기 위해 노력했지만, 문장의 의미를 더욱 명확히 전달하기 위해 의역한 부분이 있으며, 프로이트의 요지를 축약하기 위해 한 단락의 처음과 끝 문장을 이어 번역한 곳도 있습니다. 직역이 오히려 문장의 뜻을 전달하는 데 방해가 되는 경우, 주어와 술어를 바꾸거나 첫 부분을 생략하고 문장의 후반부만을 번역하기도 했습니다. 일상적으로 사용되지 않는 용어는 풀어서 번역했고, 주어가 '그', '그녀'로 기재되어 있는 경우에도 주어를 바꾸는 게 뜻이 더 편하게 드러난다면 주어를 '우리'로 바꾸었습니다. 전체적으로 가장 실천적인 프로이트의 혁신을 더욱 명확하게 전달하는 것을 번역의 지침으로 삼았습니다. 『히스테리 연구』 중 요제프 브로이어가 작성한 글은 배제했으며, 첫 장의 문장들은 '우리'라는 주어를 사용하고 있으므로 공동 작업에 대한 별도 표기 없이 프로이트의 글로 간주하고 문장을 발췌했습니다.

책의 각 부분은 정신분석의 전제인 '생각'의 분석과 분석을 통한 의미의 이해에 초점을 맞추어 구성하였습니다. 그래서 망상에 관련된 설명에서도 의미를 강조하는 프로이트의 관점에 따라 항목의 내용을 집필하였습니다. 프로이트는 세상의 모든 부분을 내 방식대로 해석할 수 있어야 하며, 의미와 해석이 치유의 중심이라고 생각했습니다. 그가 편집증 사례로 제시한 슈레버 판사의 이야기 역시 망상의 의미를 추적하는 과정이 중요하게 부각됩니다. 그 연장선상에서 훗날 슈레버 판사의 정신병은 아버지의 학대와 그러한 학대 앞에서 무력했던 아이의 고통을 중심으로 설명되었습니다. 그러나 이 부분은 정신병에 관련된 정답이 아닙니다. 슈레버 판사의 사례는 하나의 병례일 뿐입니다. 망상의 언어학적 분석과 의미를 강조하는 정신분석학의 전제를 전하기 위해 언급한 사례이며, 이 부분이 망상으로 고통받는 분들과 그 가족분들께 더 큰 고통을 드려서는 안 된다고 생각합니다. 최선을 다해 환자를 돌보는 가족과 최선을 다해 병과 싸우는 분들께 도움이 되는 부분은 망상의 분석이 가능하다는 부분입니다. 프로이트는 망상을 없애 버려야 하는 증상으로 간주하지 않았습니다. 프로이트에게 증상은 그 의미를 이해해야 하는 언어학적 구조였으며, 망상 역시 언어학적 체계로 구성된 대상이었습니다. 원인을 찾아야 한다거나 원인이 있다는 말이 아닙니다. 망상을 구성하는 생각의 조각을 언어학적으로 분석함으로써 망상을 이해할 때 그 증상이 완화될 수 있다는 정신분석의 전제는 고통받는 환자와 가족들을 도울 수 있을 것이라고 믿습니다.

아직도 저 자신에 대해, 그리고 프로이트에 대해 많은 질문을 하게 됩니다. 힘든 순간도 있고 마음이 불안할 때도 있습니다. 그러나 적어도 이제 저는 소원의 길을 걷고 있습니다. 하고 싶은 말을 하고, 하고 싶은 일을 꿈꾸며 조금씩 제 소원에 다가가고 있습니다. 소원의 길 위에서 제 손을 잡아 주시고 힘을 주신 모든 분들께 감사드립니다. 특히 세창미디어 김명희 이사님과 정조연 대리님께 감사한 마음을 전하고 싶습니다. 협업의 시간이 너무나 행복했습니다. 저도 누군가의 소원을 힘껏 응원하는 삶을 살아가겠습니다.

개념 설명: 표상 [보이는 생각, 분석의 기본 단위]

프로이트는 우리가 생각을 볼 수 있다고 말합니다. 웃고 있지만 힘든 사람이라는 것을 알 수 있는 이유는 그의 미간 사이의 찡그림 때문입니다. 아픔, 고통, 사랑, 우정은 추상적입니다. 그러나 그것을 구체적으로 표현하는 바늘, 사진, 반지는 '보이는 생각'입니다. 프로이트는 이것을 겉으로 드러난 이미지, 즉 '표상(Vorstellung, idea)'이라고 불렀습니다.

차례

✦

프로이트의 문장들

✦

오직 소원만이 인간의 정신세계를 작동시킬 수 있다.

『꿈의 해석』

프로이트는 인간을 움직이는 유일한 동력이 소원이라고 생각했습니다. 소원이 없는 곳에는 삶도, 에너지도, 관계도, 사랑도, 즐거움도, 기쁨도 존재하지 않습니다. 질식할 것 같은 답답함과 천근만근 무거운 몸과 마음, 그리고 다른 사람들과 나 자신을 속이기 위한 변명이 있을 뿐입니다. 삶과 죽음, 사랑과 미움, 필멸과 불멸보다 더 중요한 대극은 소원을 가진 사람의 삶과 소원이 없는 사람의 삶입니다. 소원이 없는 삶은 의미를 만들 수 없습니다. 이야기를 만드는 힘도 소원에서 비롯되기 때문입니다. 소원이 있는 곳에서는 죽음조차 삶의 이야기 속에서 펼쳐집니다. 소원이 있는 삶을 산 사람들은 사랑하는 사람들 속에서 많은 이야기를 나눈 후 그리움과 애틋함을 남기고 세상을 떠나게 됩니다. 소원은 나 자신입니다.

내게 가장 중요한 환자는
나 자신이다.

「플리스에게 보낸 편지 발췌문」

프로이트는 자기 자신에 대해 질문합니다. 그에게 가장 중요한 것은 자신의 문제들이었습니다. 불편한 문제에 대해 질문하는 것은 가능한 한 피하고 싶은 일입니다. 나는 지극히 정상이라고 믿고 싶기에, 아무 문제가 없다고 우겨 보기도 합니다. 우리가 분석해야 하는 첫 번째 대상은 나 자신입니다. 부모의 소원, 형의 소원, 언니의 소원, 동생의 소원, 남편의 소원, 아내의 소원, 상사의 소원에 따라 사는 사람들이 있습니다. 그게 내가 원하는 것이라고 말하며 자신을 속이기도 합니다. 그러나 평생 다른 사람의 소원 속에 갇혀 산다면, 오랜 시간이 흐른 뒤, 반드시 아무것도 남지 않은 듯한 공허함과 막막함 속에서 걸음을 멈추게 됩니다. 나를 위한 질문은 의외로 간단합니다. 내 소원은 무엇인가요? 나는 지금 내 소원에 따라 살고 있나요?

우리는 우리 자신으로부터
도망칠 수 없다.

「비전문가에 의한 정신분석의 문제」

마음은 불수의근처럼 우리의 명령에 복종하지 않습니다. 좋아하는 사람 앞에서 아무리 빨리 뛰지 말라고 위협해도, 심장은 마치 우리가 투명 인간이 된 것처럼, 우리 말이 들리지 않는 것처럼 그렇게 우리의 목소리를 외면합니다. 그 목소리가 진실이 아니기 때문에 벌어지는 비극입니다. 좋아하지 않는 척, 또는 좋아하는 척, 힘들지 않은 척, 또는 괴로운 척 연기를 할 때, 내가 속이지 못하는 한 사람이 있는데, 그는 바로 나 자신입니다. 끊임없이 나로부터 도망치는 삶 속에서는 어느 곳에서도 소원의 이야기를 들을 수 없습니다. 몸도 마음도 괴롭고 힘들 뿐입니다. 잘 차려입고 집을 나설 때조차, 사실 그의 발은 부어 있고 옷은 해어졌으며 머리는 산발이 된 상태입니다. 마음으로 진짜 내 모습을 볼 수 있어야 합니다.

무의식적 소원은 언제나, 어떤 경우에도
작동하고 있다. 무의식적 과정은 파괴될 수 없으며,
무의식 속에서는 어떤 것도 끝나거나 지나가거나
망각되지 않는다.

『꿈의 해석』

우리가 의지할 수 있는 것은 불멸의 무의식입니다. 우리가 소원을 망각하고 있을 때도, 무의식은 내 소원을 잊지 않습니다. 내가 나를 속이고 있을 때조차 무의식은 언제나 작동하고 있습니다. 우연히 소원이 감지되면, 무의식은 우리에게 신호를 보냅니다. 무의식은 내 몸과 마음이 기뻤던 순간, 행복하다고 느꼈던 일, 고

마웠던 사람들을 잊지 않습니다. 내가 언젠가 느꼈던 따뜻함과 즐거움과 희열을 정확히 기억합니다. 무의식 속에서는 그 순간이 지속되고 있습니다. 무의식은 내가 언제 웃었는지 알고 있습니다. 그래서 내가 뭘 하고 싶은지 너무나 쉽게 답할 수 있습니다. 무의식은 내 소원을 알고 있습니다. 언제나, 어떤 경우에도, 내가 누굴 만나고 싶어 하는지, 어디에 가고 싶은지, 뭘 하고 싶은지, 바로 말할 수 있습니다.

꿈의 해석은 무의식을 이해하는 가장 효율적인 방법이며, 정신분석의 가장 견고한 기반이다.

『정신분석에 관한 다섯 번의 강의』

꿈은 무의식의 소원을 우리에게 알려 줍니다. 의식이 삶의 균형과 조화를 깨뜨리며 우리를 몰아붙일 때, 몸도 마음도 괴롭지만 억지로 참고 있을 때, 꿈은 무의식의 생각을 우리에게 전달합니다. 의식이 방어하고 있을 때는 내 마음의 진실을 들여다보는 것이 쉽지 않습니다. 갑자기 어느 순간에 사실은 이게 아니었다고 인정하거나 이렇게 하고 싶다고 말하는 것은 거의 불가능합니다. 우리는 늘 가능한 한 시끄럽지 않은 방향으로 무엇이든 다 잘 마무리하고 싶어 합니다. 이처럼 어떤 상황에서도 끄떡없던 내 마음을 뒤흔들어 내가 다시 생각하게 만들 수 있는 것이 바로 꿈입니다. 꿈에서 정신분석이 시작되며, 분석의 과정을 모니터링해 주는 도구 역시 꿈입니다. 꿈이 보내는 무의식의 전갈을 제대로 이해했다면, 다음번 꿈은 그 이후의 여정을 안내합니다.

정신분석은 꿈분석에 근거하여 시작되었다.
꿈의 해석은 현재까지 과학이 이룬
가장 완결된 업적이라고 할 수 있다.

「무의식 개념에 대한 몇 가지 주석」

프로이트는 모든 사람이 아침에 일어나 제일 먼저 어젯밤 꿈을 기록하고 꿈과 소통하며 새로운 하루를 계획하는 세상을 꿈꾸었습니다. 프로이트는 무신론자이기에 신을 가정하지 않았습니다. 절망에 빠진 환자는 절대적으로 혼자 남겨져 있었습니다. 프로이트는 이 상황에서 환자를 구할 수 있는 유일한 기반이 과학이라고 생각했습니다. 과학이 새로운 사실을 증명하면, 그에 반하는 자신의 모든 이론을 즉시 폐기하겠다고도 말합니다. 뉴런, 신경전달에서 시작된 그의 과학적 연구 방법론은 마지막 순간까지 흔들리지 않았습니다. 그리고 그는 소원을 과학의 중심에 배치합니다. 소원은 우리가 좋아하는 모든 것이자 계속 생각하게 되는 대상으로서, 소원과 관련된 기억은 시냅스를 강화시키고 그 힘을 키워 가며 자주 꿈을 방문하게 됩니다.

자신의 꿈이 어떤 의미를 가지고 있는지
말해야 하는 사람은
꿈꾼 이 자기 자신이다.

『정신분석학 입문 강의』

누군가에게 꿈을 분석해 달라고 부탁하는 것은 그 사람에게 내 소원이 무엇이냐고 질문하는 것과 같습니다. 내가 좋아하는 장소의 특유한 냄새, 분위기, 소리는 모두 강렬한 기억으로 무의식에 저장됩니다. 에너지가 높은 기억의 파편들은 언제나 꿈의 단골입니다. 꿈의 세부에는 언제나 내 특별한 경험들이 압축되어 있습니다. 오직 나만 알고 있는 그 냄새를 서치 엔진이 알고 있을 리 만무합니다. 그것은 다른 사람들과 공유하는 기억이 아니며, 내 삶 속에서 경험한 나만의 특별한 사건입니다. 그래서 정신분석에는 일반론이 없습니다. 사과는 이런 뜻이고 장미는 저런 뜻이 아닙니다. 언제나 내 고유한 경험, 나만의 기억, 그리고 나이기 때문에 가능한 해석이 제일 중요합니다.

우리의 가장 복잡한 생각들은
의식의 도움을 필요로 하지 않는다.

『꿈의 해석』

우리는 늘 복잡하게 생각합니다. '내가 정말 이 사람을 좋아하나?' '내가 원하는 게 뭘까?' 등은 어려운 질문들입니다. 그러나

21

초·중·고등학교에서 처음 반을 배정받고 교실에 들어갔을 때, 우리는 늘 한 아이를 바라보게 됩니다. 좋은 것, 싫은 것에 대한 결정은 시간이 걸리는 일이 아닙니다. 소원은 어려운 단어처럼 보입니다. 소원과 관련된 복잡한 질문들은 사실 의식의 고민입니다. 무의식은 이것이 좋고, 저 사람이 좋고, 이렇게 하고 싶다고 말할 수 있습니다. 그러나 의식은 무의식의 이야기를 그대로 번역해 주지 않습니다. 무의식이 이게 맞다고 말하는데도 의식은 그렇지 않다고 우깁니다. 꿈을 통해 이 사람을 좋아한다고 알려 줘도 별 관심이 없다고 버팁니다. 의식과 무의식이 협력하게 되는 순간, 변화, 건강, 행복이 시작됩니다.

무의식에는 시간 개념이 없다.
이상하게 들리지만,
우리가 받았던 모든 인상이
처음과 똑같은 모습으로 무의식 속에 보존되며,
그 이후에 추가된 변형들까지 모두 함께 기록된다.

『일상생활 속의 정신병리학』

필멸의 인간은 결코 시간을 극복할 수 없습니다. 시간과 겨루거나 시간을 거슬러 살아가는 것도 불가능합니다. 기다렸던 순간은 섬광 같은 잠시의 기쁨을 선물한 후 우리를 스쳐 지나 사라집니다. 1초는 너무나 가볍고 보잘것없지만, 시간은 너무나 무겁고 거대합니다. 그런데 프로이트는 시간과의 싸움에서 승리하여 시간을 극복할 수 있는 영역이 인간 내면에 들어 있다고 말합니다. 그 영역이 바로 무의식입니다. 환자의 의식에는 존재하지 않는 무수한 이야기들이 그들의 꿈속에는 등장합니다. 프로이트는 꿈을 연구하며 모든 기억의 파편이 무의식 속에 보존되어 있다는 사실을 알게 되었습니다. 물론 나쁜 기억들도 그 파편들이 지속되지만, 우리는 기억의 조각이 다른 의미를 가지도록 만들 수 있습니다. 추가되고 변형된 의미 역시 영구히 기록됩니다.

무의식은 진정한 심리적 현실이다.

『꿈의 해석』

의식이 괜찮다고 우리를 다독거릴 때, 그것이 미덥지 않은 이유는 의식의 요새가 아주 자주 무력하게 무너지기 때문입니다. 아직 좋은 기억으로 바뀌지 않은 나쁜 기억들이 요동치는 경우, 우리는 느닷없이 불안을 느끼거나 자신감을 상실합니다. 무의식속에 자리 잡은 괴로운 기억들은 그 이후의 변형이 없는 한 무한히 우리를 괴롭히게 됩니다. 꿈에 존중받지 못하는 한 사람이 나온다면, 그것은 바로 내 이야기입니다. 존중받지 못하는 상황이 너무나 익숙해서 꿈속의 인물들도 그렇게 행동한 것입니다. 무의식은 우리에게 현실을 보여 줍니다. 그것은 꿈을 분석하고 해석한 후 삶을 바꾸어 가라는 무의식의 요청입니다. 이를 개꿈으로 치부한 후 현실로 돌아와 가슴을 쓸어내리면, 진정한 심리적 현실인 무의식은 괴물이 되어 나를 공격하게 됩니다.

무의식 속에는 '아니오'라는 대답이 존재하지 않는다.

「부정」

카프카의 소설 속 인물들에게는 출구가 없습니다. 시원하게 상황에 대한 설명을 들을 수도 없고, 현실의 교착상태에서 도망을 칠 수도 없습니다. 사방이 막혀 있고 조력자는 없으며 주인공도 이 상황을 바꾸지 못합니다. 할 수 있는 게 없다는 생각이 들 때가 있습니다. 출구는 보이지 않고, 긴 터널은 여전히 어둡습니다. 누군가 이렇게 하면 되지 않느냐고 조언하면, 말이 끝나기도 전에 그렇게 할 수 없는 이유를 떠올립니다. 모든 가능성이 사라진 상황입니다. 이것은 의식의 무능입니다. 반면, 무의식 속에는 부정이 없습니다. 그래서 모든 것이 가능합니다. 무의식이 고민할 필요도 없이 긍정하는 이유는, 소원만 있으면 모든 것이 가능하기 때문입니다. 의식이 부정을 모르는 무의식과 한편이 될 때, 인간은 엄청난 괴력을 발휘하게 됩니다.

긍정은 결합을 대체하는 말로서 에로스에 속하는 것이며, 부정은 추방의 계승자로서 파괴충동에 속하는 것이다.

「부정」

프로이트가 말하는 과학은 과학 너머의 과학입니다. 그가 과학 적으로 설명하고 싶었던 것은 기이한 현상들이었습니다. 도저히 할 수 없는 일임에도, 만약 그곳에 그의 소원이 있다면 인간은 그 일을 해내기도 합니다. 이 경우, 우리는 긍정할 수 없는 곳에서도 '예'라고 답할 수 있습니다. 긍정은 언제나 관계에서 시작됩니다. 사람과 사람이 만나 결합하게 될 수도 있는 반면, 사람이 사람을 해치고 서로를 파괴할 수도 있습니다. 에로스와 파괴충동은 우 리에게 진정한 소원이 무엇인지 알려 줍니다. 소원이라고 불리 는 것의 궁극적인 목표가 연결인가 단절인가를 고려하면 그 소 원이 진짜인지 가짜인지 구별할 수 있습니다. 공격하고 추방하 는 것은 그 자체가 소원을 공격하는 파괴충동입니다. 다른 사람 과 함께 꾸는 꿈만이 진정한 소원입니다.

무의식은 의식이라는 작은 세계를 품은 큰 세계다.

「꿈의 해석」

보통 우리는 의식 아래에 무의식이 있다고 생각합니다. 뭔가를 억압해 놓은 장소가 무의식이라는 말인데, 프로이트는 무의식이

의식을 품은 하나의 세계라고 설명합니다. 무의식은 충동이 들끓는 성적 욕망의 본거지가 아닙니다. 무의식은 우리가 경험한 모든 것의 총합으로 정의할 수 있습니다. 어떤 무의식 속에는 나쁜 기억만이 가득할 수도 있습니다. 기억을 변형시킬 좋은 경험이나, 좋은 기억이 추가되지 않은 무의식은 불쌍한 무의식입니다. 큰 세계가 그렇게 구성되면, 그 안에 담긴 의식은 우리가 보기에 악해 보이는 일들로 구성될 확률이 높습니다. 그의 세상에는 합하고 이어 내는 에로스가 아닌 분리하고 잘라 내는 파괴충동으로 가득할 것입니다. 물론 좋은 기억들이 추가되면, 그 세상역시 변화될 수 있습니다.

어떤 기억들은
파괴되지 않는다.

『옌젠의 《그라디바》에 나타난 망상과 꿈』

기억은 파편화된 상태로 무의식에 기록됩니다. 어떤 순간의 인상들, 내가 경험한 일들은 먼저 조각으로 분쇄된 후 각 조각이 무의식에 기록되는데, 하나의 조각이 의식을 만나면, 그 조각과 관련된 기억과 인상을 바로 소환하게 됩니다. 그런데 이상하게 제법 묵직한 기억 전체가 하나의 조각처럼 붙어 있는 경우가 있습니다. 너무나 중요해서 기억 자체가 무의식에 각인되어 있는 경우입니다. 의식이 기억하지 못하는 경우에도, 우리는 무의식 속에 든든히 자리한 기억에 기대어 현재를 살아 냅니다. 그 기억이 의식을 만나는 순간, 모든 것이 명확해집니다. 아주 작은 실마리만 있다면, 우리는 그 기억을 길어 올릴 수 있습니다. 늘 그곳에 있는 기억, 내 존재를 떠받치고 있는 생각 역시 에로스에 기반한 관계 속에서 만들어집니다.

마음과 관련된 문제에서
정상과 비정상의 경계는 모호하다.
사실 우리 모두 조금은 신경증을 가지고 있다.

『일상생활 속의 정신병리학』

프로이트는 우리 모두가 고통받는다고 생각했습니다. '평범'이라는 말 속에 가려진 우리의 고통이 정신분석학의 중심 주제입니다. 숨 한 번을 편안하게 쉴 수 없는 시간이 이어지기도 하고, 마음을 찢는 울분에 잠 못 이루는 밤도 많습니다. 정상이라는 게 존재하기나 하는 걸까 싶기도 합니다. 프로이트 전집을 읽으며 위로를 받게 되는 이유는, 마음이 아픈 이들의 서사가 우리의 이야기이기도 하기 때문입니다. 눈치를 전혀 보지 않는 사람은 없습니다. 자신만의 규칙을 전혀 가지고 있지 않은 사람도 없을 것입니다. 그렇다면 지나치게 다른 사람의 눈치를 보다 자기 자신을 잃어버리거나, 자신의 규칙 속에 갇혀 타인과 소통하지 못하는 환자의 증상과 그들이 치유되는 과정은 우리에게도 도움이 될 수 있는 이야기입니다.

환자의 슬픔이
그 사람의 병 속에서
병리적 분출구를 찾게 되는
경우가 있다.

『강박 신경증 사례에 대한 주석』

내 슬픔을 충분히 표현할 수 없을 때가 많습니다. 내 슬픔이 존중 받지 못할 때도 있습니다. 그러나 세상에는 내 작은 몸짓만 보고도 내 안의 큰 슬픔을 이해할 수 있는 사람들이 있습니다. 그들은 내가 말하지 않아도 내 슬픔을 알아차립니다. 반면 내 몸과 마음이 절망으로 망가지고 있을 때, 슬픔 가득한 내 말과 행동을 무시하는 사람들도 있습니다. 또한 나 자신조차 이것이 위험한 상황이라는 것을 모르는 경우도 있습니다. 그럴 때는 슬픔이 표현되는 유일한 통로가 증상일 수밖에 없습니다. 나를 무너뜨리는 슬픔을 온몸으로 표현할 수 있는 것은 내 몸의 병입니다. 병은 나 대신 통곡해 줍니다. 그러나 증상에 기대게 되면 우리는 더 이상 회복의 노력을 기울일 수 없게 됩니다. 제일 먼저 나 자신이 내 슬픔을 존중할 수 있어야 합니다.

우리는 외상적 표상을
의지로 밀어내 제거하기보다는
단순히 무의식 속으로 억압한다.

「히스테리 연구」

의지와 의도라는 개념들은 무겁습니다. 일단 문제를 파악해야
하고, 작심을 한 후 어떤 일을 도모해야 하는데, 여기에는 용기
와 에너지가 필요합니다. 표상(Vorstellung, 表象)은 마음속에 떠오
른 생각을 의미합니다. 그런데 의지만으로 더 이상 생각하지 않
도록 만드는 일은 쉽지 않습니다. 더구나 외상적 표상이란 외상
적 사건과 관련된 모든 연상을 뜻하는데, 그 모든 심상을 제거하
기 위해서는 표상에서 에너지를 박탈해야 합니다. 가해자가 벌
을 받고, 내 상처가 충분히 아물면 외상적 표상은 제거될 것입니
다. 그러나 그렇지 않을 때 괴로운 표상들을 의지로 밀어내 제거
하는 것은 불가능합니다. 이 경우 우리는 망각을 선택하기도 합
니다. 그리고 외상적 표상은 무의식의 영역에 남게 됩니다. 프로
이트는 이 과정을 억압이라고 불렀습니다.

억압은 내적인 불쾌를
마치 외부 대상인 듯 취급하며,
그것을 외부 세계로 추방한다.

「정신 기능의 두 원칙에 관한 논의」

억압이라는 단어에서 우리는 아래로 내리누르는 행위를 떠올립니다. 그러나 프로이트는 억압이 밖으로 밀어내는 과정이라고 설명합니다. 억압은 그 생각이 더 이상 내 안에 존재하지 않는 것처럼 만들기 위해 불쾌한 표상을 밖으로 추방합니다. 마음속 깊이 눌러 놓는다는 건 그 생각이 내 안에 존재한다는 것을 전제하는 말인데, 억압은 이와 달리, 그 생각이 아예 존재하지 않도록 만드는 메커니즘입니다. 인터넷 검색을 할 때, 내용은 우리 눈에 보이지 않는 곳에 존재합니다. 내가 의지를 가지고 손의 근육을 움직여 키워드를 입력할 때 비로소 내용이 나타납니다. 무의식은 인터넷과 같은 영역입니다. 의지로써 내용을 찾아내지 않으면 추방된 생각은 돌아올 수 없습니다. 이것이 바로 의식의 검색이 잃어버린 기억을 찾는 방법입니다.

마음의 병이 오래 지속되면,
병은 결국 하나의 독립적인 유기체같이 움직이게 된다.
그것은 자기보존충동이 있는 생물처럼 보이기도 한다.

『정신분석학 입문 강의』

프로이트는 트라우마의 기억이란 내 몸에 침입한 이물질과 같은 것으로서, 오랜 시간이 흘러도 여전히 내 안에서 꿈틀댄다고 말합니다. 내 몸속에 똬리를 튼 후, 나의 통제를 벗어나 내부를 헤집고 다니는 생물처럼 느껴진다는 뜻입니다. 심리적 외상은 스스로 먹이를 구하고 자라며 자신을 보호하는 외계 물질처럼 움직입니다. 추방당하면 어떻게든 돌아오기 위해 성벽을 공격하고 원래의 자리로 귀환하려고 노력합니다. 추방당한 기간이 길어질수록, 그리고 성벽이 높을수록, 이물질의 힘은 더욱 강해집니다. 방법은 문을 열어 이물질을 받아들이고 그 외계 물질의 이야기를 들어 보는 것입니다. 내가 그것과 이야기를 시작할 때, 이물질은 우리 마음의 일부로 동화됩니다. 사실 그것은 처음부터 내 삶의 일부였습니다.

병리학적 이야기는 내 몸속에서
마치 외계 물질처럼 움직이며,
그 치료 또한 신체 조직에서
이물질을 뽑아내는 것처럼 진행된다.

『히스테리 연구』

억압이 이물질을 외부로 추방하는 것처럼 작동했다면, 벽을 허물고 외계 물질을 만나는 회복의 과정은 신체 조직에서 이물질을 뽑아내는 것처럼 진행됩니다. 괴물이 된 이야기는 내 일부가 아니지만, 나를 공격하는 낯선 이야기에서 이물질을 제거하면 그곳에 내 이야기가 남게 됩니다. 그것은 엑소시즘의 과정이기도 합니다. 괴물이 떠나면 내 이야기가 드러납니다. 사실 괴물이 떠나는 것이 아니라 내가 괴물을 보내는 것입니다. 들여다보고 잘 보듬어 보내면, 그 자리에서 괴물이 나 자신의 모습으로 변신합니다. 외계 물질이라 불렀던 괴물은 사실 나 자신이었습니다. 괴물의 모습은 사라지며, 이물질을 뽑아낸 자리에는 깊은 상처가 생깁니다. 그 순간 나는 움푹 팬 깊은 상처가 늘 내 몸에 있었다는 것을 깨닫게 됩니다.

사랑했던 사람이나 좋아했던 대상으로부터
리비도를 떼어 내는 억압의 과정은 조용하게 진행된다.
우리는 그것을 거의 느끼지도 못하며,
나중에야 상황을 파악하게 된다.
그러나 우리가 포기했던 사람들에게
다시 리비도를 부착시키는 회복의 과정은
우리의 주의를 끌 만큼 소란스럽다.

『편집증 사례의 자전적 기록에 대한 주석』

소원을 포기하는 과정은 조용히 진행되지만, 회복의 과정은 시끄럽습니다. 의지와 의도를 가지고 치밀하게 계획을 세워 내가 움직여야 다시 관계가 형성됩니다. 프로이트는 병드는 과정은 매우 조용하지만 회복의 과정은 시끄럽다고도 표현했습니다. 상황을 바꾸고 변화를 도모하는 일은 늘 어렵습니다. 나 혼자만 참는 것은 그중 가장 쉬운 일입니다. 그러나 그렇게 되면 마음이 병들게 됩니다. 소원으로부터 점점 멀어지기 때문입니다. 내가 삶을 포기하고 있다는 사실조차 인지하지 못하는 경우도 있습니다. 몸과 마음이 많이 망가진 후에야 내가 무슨 짓을 했는지 깨닫게 됩니다. 회복의 과정은 시끄럽게 진행됩니다. 사랑을 위한 에너지인 리비도가 휘몰아치며 삶을 위한 에너지를 세상 속으로 흘려보내야 내가 회복됩니다.

인간이 성장하며 부모의 권위로부터 해방되는 과정은 인간 발달단계에서 필수적인 과제인 동시에 가장 고통스러운 경험이다.

「가족 로맨스」

프로이트는 '해방'이라는 단어를 자주 사용합니다. 오이디푸스 콤플렉스 역시 해방을 위한 과정이라고 말합니다. 이성 부모를 사랑하고 동성 부모와 경쟁하는 양성적 오이디푸스 콤플렉스와 동성 부모를 사랑하고 이성 부모와 경쟁하는 음성적 오이디푸스 콤플렉스는 삶 속에서 가장 먼저 만난 타인에 대한 양가감정을 설명하는 이론인데, 사랑과 미움으로 구성된 삼각형 구조에서 벗어나지 못하면, 우리는 영원히 애증의 관계 속에 갇히게 됩니다. 모든 결정이 부모의 시선에 의해 조정되고 나는 어떤 책임도 지지 않는다면, 그것은 어른이 되지 못한 어린아이의 상태에 머물고 있음을 뜻합니다. 부모의 권위로부터 해방되는 것은 너무나 무섭고 불안한 일입니다. 내가 선택하고, 내가 결정하고, 그것에 대해 책임지는 것만큼 두려운 일은 없습니다.

영웅이란,
아버지에 대항하는 용기를 내고
끝내 이 싸움에서 승리한 사람을 뜻한다.

『모세와 일신교』

아버지는 법을 전하는 사람으로서, 이렇게 행동해야 하고, 이렇게 말해야 하며, 이 규칙을 따라야 한다고 가르치는 사람을 뜻합니다. 물론 어머니나 할머니가 아버지의 자리에 배치될 수도 있습니다. 그러나 어느 선까지 복종해야 하는 것일까요? 아버지는 우정과 사랑에 대한 답도 가지고 있을까요? 어린아이의 마음으로는 나만이 결정해야 하는 삶의 중요한 일들을 나답게 대면할 수 없습니다. 늘 누군가가 지켜보고 있으며, 모든 행동이 항상 누군가를 향하고 있기 때문입니다. 이런 태도로는 나를 위한 삶을 살 수 없습니다. 프로이트가 말하는 전투는 나 자신과 벌이는 싸움입니다. 굴복하라는 내 안의 목소리에 반기를 들 수 있는 사람만이 영웅이 될 수 있습니다. 용기를 내 나를 위한 전투에 임하고 끝내 승리할 때, 우리는 어른이 될 수 있습니다.

부모의 권위에서 벗어날 때
구세대와 신세대 사이의 대립이 가능해지는데,
이것은 문명의 발전에 매우 중요한 과정이다.

『성이론에 대한 세 편의 논문』

프로이트는 모든 회복의 과정에 필수적인 단계가 전투라고 생각했습니다. 싸움이 없이는 변화할 수 없다는 뜻입니다. 언제나 명령에 복종하는 착한 아이로 살게 되면, 그 아이의 마음은 병들게 됩니다. 세대 간의 대립이란, 관계의 단절을 의미하는 표현이라기보다는 서로의 생각이 다르다는 것을 뜻하는 말입니다. 미술사를 생각해 보면, 도제식 교육 속에서 제자가 평생 스승의 스타일만을 모방해서는 미술사의 어떤 페이지에도 기록될 수 없습니다. 자신의 생각이 없기 때문입니다. 스승의 권위에서 벗어나는 것은 하나의 전투입니다. 아무도 눈치채지 못하게 아주 조용히 새로운 생각이 새로운 길을 열 수는 없습니다. 마찬가지로 부모의 권위를 극복할 때 아이는 전투를 벌이게 되며, 이 과정을 통해 어른이 될 수 있습니다.

나는 유전이 신경증의 결정적 원인이라고
생각하지 않는다.

『플리스에게 보낸 편지 발췌문』

프로이트는 기질적 문제나 그 사람의 성향 때문에 히스테리 증상이 발생하는 것은 아니라고 말합니다. 프로이트에 의하면, 문제의 원인은 내부에 존재하지 않습니다. 부모 때문에, 그렇게 태어났기 때문에, 내가 이상해서 신경증을 가지게 된 것이 아닙니다. 신경증은 관계와 관련된 구조적 문제입니다. 그 속에서 괴로움과 고통에 대처하는 한 방식이 신경증입니다. '결정적'이라는 표현을 사용한 것은, 기질적 문제에서 비롯된 증상도 존재할 수 있다는 뜻이지만, 프로이트는 이 견해가 신경증의 원인에 대한 답이나 전제가 되어서는 안 된다고 생각했습니다. 정신분석은 과거에서 답을 찾는다는 비판을 받기도 하는데, 유전보다는 그 사람의 선택과 결정에 더 집중한다는 점에서 오히려 과거와 전적으로 단절한 학문인듯 보이기도 합니다.

히스테리는 과학적 지식이 전혀 없는 사람처럼 신경계의 구조를 알지 못한다.

「히스테리」

프로이트는 히스테리가 마치 해부학이 존재하지 않는 것처럼 작동한다고도 말합니다. 의사는 눈으로 확인하고 병변을 제거하지만, 히스테리의 경우는 이와 같은 가시적인 문제가 아닌 경우가 많다는 이야기입니다. 프로이트는 사실 뉴런 연구에 매진한 신경학자인데, 그 자신은 오늘날 신경전달물질과 관련된 시냅스상의 문제를 신경증의 주원인으로 받아들이지 않았습니다. 그는

어떤 기질적인 문제도 없는 상태에서 마치 해부학적으로 문제가 있는 듯한 증상이 출현하는 현상에 주의를 기울였습니다. 그리고 해부학을 떠난 증상이 있다는 확신을 하게 됩니다. 이런 경우, 프로이트는 환자가 아플 만한 상황인지 고민하지 않았습니다. 환자가 아프다고 말하면, 그것이 진실이라고 믿었습니다.

히스테리의 문제를 이해하는 핵심은 신경계의 이상보다는 신체의 공모라는 개념에서 생각해야 한다.

「히스테리 사례 분석」

왜 아무 이상이 없는 팔과 머리와 다리와 허리가 아픈 것일까요? 많이 힘들고 괴로울 때, 바로 문제를 해결할 수 없어서 오래 견뎌야 할 때, 소원의 길을 걸을 수 없을 때, 신체가 마음과 공모할 수 있습니다. 이것은 괴로움을 표현하는 한 방식인데, 몸이 마음과 공모하여 마음만큼 아파 주는 현상입니다. 부정적인 방식으로 협력하다 보니, 몸과 마음의 공모라는 악순환이 오래 지속될 경우에는 실제로 몸에 기질적인 문제가 나타날 수도 있습니다. 몸은 보통 당시에 가장 약한 부분을 이용하여 마음의 명령에 따르기 때문에, 쉬고 보살펴 주어야 하는 부분을 괴롭히게 됩니다. 그러니 시간이 오래되면 당연히 몸의 병으로 이어질 수밖에 없습니다. 몸이 이런 방식으로 학대당하지 않게 만드는 유일한 방법은 소원을 따르는 것뿐입니다.

**일반적으로 사람들은 증상에만 집중하고
그 이유에 대해서는 별 관심이 없는 듯 보인다.**

『다섯 살배기 소년의 공포증 분석』

몸이 마음과 공모하고 있을 때 몸의 증상만 없애게 되면, 몸은 언제나 차선을 찾습니다. 통증은 다른 곳으로 옮겨 가고, 몸과 마음의 공모는 지속됩니다. 우리는 시원하게 말해 버리면 되는 걸 몇십 년씩 참고 살기도 하고, 지긋지긋한 일을 수십 년 참고 하기도 합니다. 마음은 참는다고 생각하지만, 그 분노와 고통은 다른 방식으로 표출될 수밖에 없습니다. 나타나는 증상만 없앤다는 건 사실 진짜 치료가 아닙니다. 도대체 뭘 참고 있는지, 왜 그렇게 부들부들 떨면서도 모든 감정을 억누르고 있는지, 애초에 무엇이 나를 그렇게 화나게 만들었는지, 뭐가 그렇게 마음에 안 드는지, 뭐가 그렇게 괴로운지, 그 이유에 집중해야만 합니다. 내 몸과 마음이 편안한지, 아니면 늘 괴로운지를 판단하는 게 왜 그렇게 어려울까요?

환자는 기억이 아니라
행동으로 자신이 망각한 것을 재생한다.
그는 자기가 어떤 것을 반복하고 있다는 사실을
알지 못한 채 그 반복을 실행한다.

「기억하기, 반복하기, 그리고 작업하기」

이상하게 어떤 곳에 자주 가게 될 때가 있습니다. 좀 돌아가더라
도 그곳을 지나가게끔 동선을 짜기도 합니다. 때로는 쏘아붙이
는 말을 내뱉은 후 깜짝 놀라기도 합니다. 사실 그곳에 가고 싶
었고, 그 사람에게 복수를 하고 싶었던 것입니다. 간직하고 싶
은 기억을 망각하고, 담판을 지어야 하는 일을 무의식으로 추방
하면, 기억이 아닌 행동이 우리에게 신호를 보냅니다. 물론 다
기억하고 다 해결하며 살아갈 수는 없습니다. 그러나 중요한 일
들을 기억하지 않고 문제 되는 일들을 미루었다면, 그렇게 망각
된 기억은 우리가 그 일을 적극적으로 떠올려 의지를 가지고 해
결할 때까지 증상으로 드러납니다. 이해할 수 없는 행동과 함께
꿈도 반복됩니다. 해결되지 않은 채로 남은 문제가 있기 때문입
니다. 사실 나는 해결해야 하는 문제가 있다는 사실을 알고 있습
니다.

정신에 관련된 일 중에는
우리가 그것에 대해 알고 있다는 사실을

알지 못한 채 보유하고 있는 지식이 있다.

『정신분석학 입문 강의』

늘 알고 있었다는 사실을 깨닫게 될 때가 있습니다. 가만히 생각해 보면, 그 사람과 관련된 모든 것을 나는 그저 지식으로 가지고 있었습니다. 내가 힘들 때 내 옆에 없었고, 내게 모진 말들을 했고, 내 동의 없이 모든 것을 자기 마음대로 하는 사람이었습니다. 그런데 나는 늘 그와 함께 있었습니다. 그가 내 연인이기 때문입니다. 한 번도 나를 존중한 적이 없는데, 나는 그게 괜찮은 것이라고 끊임없이 나 자신을 설득해 왔습니다. 사실들을 열거해 보면 너무나 명백한데, 이 모든 것을 이미 다 알고 있으면서도 나는 늘 정반대의 결론을 내렸습니다. 내 안에는 내가 느끼는 것, 내가 생각하는 것과 전혀 다른 생각을 하고 전혀 다르게 행동하는 또 한 사람이 있는 것만 같습니다. 모든 것의 시작은 나 자신과의 대화와 담판입니다.

환자는 병의 의미와 관련된 모든 것을 이미 알고 있다.
문제는 그 부분과 소통하는 것이다.

『히스테리 연구』

프로이트는 히스테리 환자가 알지 못하는 것은 자신이 진실을 알고 싶어 하지 않는다는 사실이라고 말합니다. 환자는 병이 의미를 가지고 있다는 사실을 이미 알고 있습니다. 내가 괴롭다는 사실을 아는 것은 어렵지 않습니다. 다만 그 고통에 대해 아무것도 해 주지 않기로 결정할 때 증상이 나타납니다. 문제 되는 부분과 소통한다는 것은 병의 원인에 대해 적극적으로 생각해 보기로 마음을 정한다는 뜻이며, 그러한 결심을 하게 되면, 내 몸과 마음의 문제를 넘어 관계와 관련된 구조적 문제로 시각이 확장됩니다. 소통이 어려운 이유는, '소통'이라는 말 속에 싸움과 전투가 포함되기 때문입니다. 이대로 고통받지 않겠다는 결심, 바꾸어 내겠다는 의지, 그리고 내 소원을 말할 용기가 모두 소통이라는 말 속에 내포되어 있습니다.

경험과 관련된 조각들이
망각된다는 표현보다는
그 내용이 누락된다고 말하는 것이
더욱 적절하다.

「은폐 기억」

망각은 기억을 잊는 행위가 아닙니다. 프로이트에 의하면, 망각은 기억을 잃어버리는 사건입니다. 이메일 리스트에서 한 사람의 주소가 누락되면, 그 사람은 소식을 전달받을 수 없게 됩니다. 이제 그는 더 이상 이 단체의 구성원으로 간주되지 않습니다. 망각은 우리가 생각하는 것보다 훨씬 더 무서운 메커니즘입니다. 기억을 아예 제거해 버리는 역할을 맡을 수도 있기 때문입니다.

기억나지 않는 사람, 기억에서 사라진 일들은 마치 아예 그 사람을 알지 못하는 듯, 마치 그런 경험을 하지 않은 듯, 우리가 우리의 삶 밖으로 제거해 버린 내용들입니다. 잠시 노력하면 떠오르는 사람들, 대상들, 상황들과는 달리, 누락된 이들에 대해서는 내 삶의 일부라는 생각 자체를 하지 못하게 됩니다.

꿈꾼 이는 분명히 자신의 꿈이
어떤 의미를 가지고 있는지를 알고 있다.
다만 그는 자신이 알고 있다는 사실을 알지 못한다.
그래서 자기는 그 꿈이 무슨 뜻인지 모른다고 생각한다.

『정신분석학 입문 강의』

꿈분석을 어렵게 생각하는 사람들이 많습니다. 그래서 누군가에게 물어보거나 꿈 해몽서를 참조하기도 합니다. 그런데 사실 꿈을 분석하는 것은 어렵지 않습니다. 누락되었던 내용이 희미한 이미지로 슬그머니 모습을 드러내면 그냥 쳐다보기만 하면 됩니다. 분석하지 않고 해석하지 않고 생각하지 않으면, 이미 알고 있는 그 상들은 원래의 자리로 돌아갑니다. 물론 그렇게 되면 꿈이 반복됩니다. 꿈에는 우리가 바라는 것들이 등장합니다. 의식은 우리가 그런 것을 바라지 않는다고 우기며 모든 꿈은 개꿈이라고 말합니다. 매번 눈치를 보는 인물이 등장하거나 매사에 동동거리며 불안해하는 사람이 나오는데, 나는 그가 나라는 것을 이미 알고 있습니다. 그것을 인정하고 내 삶을 바꾸어 나가려는 결심에는 큰 용기가 필요합니다.

억압되어 있던 기억은 시간이 지난 후 사후적으로 트라우마가 된다.

『과학적 심리학 프로젝트』

특정 명단이 누락되어도 지금 당장은 아무 일도 일어나지 않습니다. 상황 몇 개가 사라져도 하루는 평소처럼 흘러갑니다. 그런데 그렇게 시간이 흘렀을 때, 어느날 갑자기 문제가 발생하기 시작합니다. 오리무중인 표상들이 나를 견딜 수 없이 불안하게 만들고, 마치 내 몸속에 이물질이 침입한 듯 몸도 마음도 고통스럽습니다. 이야기도 기억나지 않고 이유도 알 수 없으며 어떤 실마리도 찾을 수 없는데, 알 수 없는 현실의 세부들이 나를 공격합니다. 받아들여지지 않은 채 오랜 시간 누락되어 있던 기억은 점점 에너지를 키워 가며 결국 현실의 세부를 찢고 현재의 순간에 침입합니다. 그렇게 기억은 사후적으로 우리에게 외상적 타격을 입힐 수 있습니다. 별것 아닌 기억은 없습니다. 내 감정과 내 느낌을 존중할 때, 기억이 제자리를 찾게 됩니다.

근원적 외상과 비교하면
별로 중요하지 않다고 생각했던 사건 역시
외상적인 경험이 될 수 있다.

「히스테리 연구」

사소한 것에 무너지는 경우가 있습니다. 정말 별것 아닌 것 같은데 그것 때문에 내가 이렇게 괴로워한다는 사실 자체가 견디기 어려울 때도 있습니다. 오히려 큰일은 의연하게 잘 넘겼는데, 사소한 제스처, 찰나의 눈빛, 일상적인 말이 나를 깊은 구렁텅이에 빠뜨립니다. 그 지점에서 이야기가 중첩되었기 때문입니다. 외상들이 겹쳐지고 견딜 수 없는 인물들이 하나로 이어지며 내가 폭발하게 된 것입니다. 이 연결고리들은 일련의 연쇄반응이 촉발되는 매개로 작용합니다. 그래서 잠복하는 촉매의 수를 가능한 한 줄일 필요가 있는데, 한 번에 모든 것을 손쉽게 해결하는 방법은 없습니다. 처음부터 하나씩 마주하고 풀어 가며 시끄럽게 해결해 가는 수밖에 없습니다. 그 시작은 해야 했던 말을 하고, 포기했던 소원을 다시 떠올리는 것입니다.

현실과 소원 충족이라는 한 쌍의 대극에서
우리의 정신세계가 시작된다.

「플리스에게 보낸 편지 발췌문」

프로이트는 우리가 모두 소원에 따라 사는 날이 오면, 정신분석이 더 이상 필요하지 않을 것이라고 말합니다. 그러나 현실과 소원이 협력 관계를 이루고 하나의 목표를 추구하는 경우보다는 서로가 서로의 대극이 되어 매사에 충돌하는 일이 더 잦습니다. 현실은 자주 우리의 소원을 좌절시키며, 소원은 현실을 보호하는 일상을 파괴하기도 합니다. 그렇다면 현실의 일상을 지키면서도 우리의 소원을 따르는 방법은 없을까요? 이에 대한 치열한 고민 속에서 한 사람의 개성이 형성됩니다. 아무 고민 없이 현실에 파묻히는 경우 소원은 누락됩니다. 반면 현실에 대한 치열한 계산 없이 소원이라고 생각되는 것만을 추구한다면, 오래지 않아 그 여정의 어느 지점에서인가 모든 것을 멈출 수밖에 없습니다.

절실함 또는 소원이 다시 나타날 때, 관련 기억들이 자극되며 뉴런이 활성화된다.

『과학적 심리학 프로젝트』

프로이트에게는 신경 조직이 매우 중요합니다. 그중 뉴런은 기억에 관련된 세포이므로 특히 중요하게 간주됩니다. 그는 신경 조직의 가장 중요한 특징이 기억이라고 말합니다. 그리고 언제 어떻게 인간이 기억하게 되는지 고민했는데, 그의 결론은 절실함 또는 소원이 있는 곳에서 뉴런이 활성화된다는 것이었습니다. 시냅스가 강화된다고 표현해도 됩니다. 소원은 무의식보다 더 중요하게 간주되는 개념입니다. 소원은 언제나 절실함, 주의

집중과 함께 언급됩니다. 절실함은 에너지의 차원에서 그 정도를 가늠할 수 있는데, 그것이 바로 리비도입니다. 엄청난 절실함은 주의집중으로 이어지고, 그렇게 소원의 방향으로 우리를 움직이게 만듭니다. 뉴런이 활성화되고 소원의 표상과 관련된 의미가 떠오르면, 내 삶에 좋은 기억이 하나 더 추가됩니다.

생각이란 결국
상상 속의 소원이 대체된 것이다.

『꿈의 해석』

생각은 우리의 소원이 상연되는 무대입니다. 미래에 대한 계획을 세운다면, 그 속에는 언제나 소원의 이야기가 가득합니다. 사사건건 내게 시비를 거는 사람을 생각하며 화를 내고 있는 상황 역시 우리의 소원과 관련됩니다. 나는 지금 나를 이해해 주는 사람에 대한 소원이 좌절되었기에 화를 내는 것입니다. 생각은 온통 우리의 소원으로 가득합니다. 지금은 참아야 할 때라고 스스로를 다독이며 전략을 짜고 있을 때도 나는 궁극적으로 소원을 성취하기 위해 지금 해야 할 일에 대해 생각하고 있습니다. 생각은 성취된 소원, 좌절된 소원, 아직 이루지 못한 소원의 이야기로 가득합니다. 이와 함께 허황된 소원, 파괴적인 소원도 존재하는데, 파괴충동에 사로잡힌 소원은 나와 남과 세상을 파괴하게 됩니다.

인간이 마술에 관심을 가지게 된 동기는 소원 때문이다.
원시인들은 자신의 소원이 가진 힘을
절대적으로 신뢰했다.

『토템과 터부』

사람 모양으로 만든 지푸라기 인형에 저주를 퍼붓는 장면은 생각만 해도 소름이 끼칩니다. 누군가가 잘못되었으면 좋겠다는 무시무시한 소원이 왜 이다지도 끔찍할까요? 우리가 그런 미움이 사람을 해칠 수 있다는 믿음을 가지고 있기 때문입니다. 정성이라는 단어는 비과학적인 말입니다. 해부학적으로 가시적인 것이 아니기 때문입니다. 그러나 우리는 절실한 소원이 기적을 가능하게 만들 것이라는 믿음을 가지고 있습니다. 한 사람의 소원이 다른 사람에게 저주를 내릴 수 있는지, 아니면 타인의 행복을 지켜 줄 수 있는지는 알 수 없지만, 확실한 것은 소원이 소원을 비는 사람의 삶에 절대적인 힘을 행사할 수 있다는 것입니다. 파괴충동에 휘둘리는 소원과 에로스를 위한 소원은 소원을 비는 사람을 향해 그 영향력을 발휘합니다.

오직 소원의 충족과 관련된 내용만이
꿈에 나타날 수 있으며,
오직 소원만이 꿈을 만드는 심리적 추동력이다.

『꿈의 해석』

꿈을 만드는 유일한 추동력은 소원입니다. 한 편의 꿈을 잘 관찰하면, 언제나 꿈꾼 이의 소원과 관련된 이야기를 듣게 됩니다. 우리의 마음은 항상 소원의 방향으로 길을 냅니다. 여기서 문제는 내 안에 몇 개의 대극적 소원이 존재한다는 것입니다. 행복해지고 싶은 소원은 나를 벌하고 싶은 소원과 충돌하고, 나만 잘살고 싶은 소원은 사랑하는 사람을 배려하고자 하는 소원과 대립합니다. 프로이트가 에로스를 강조하는 이유는 그것이 내 소원만큼이나 남의 소원도 귀하게 존중할 수 있는 전제이기 때문입니다. 바로 이 상태가 정신분석이 정의하는 건강입니다. 건강하지 않다면, 몸과 마음의 불편함을 초래하는 원인이 반드시 꿈을 방문합니다. 꿈은 그 괴로움을 이미지로 형상화하여 우리에게 보여줍니다.

꿈은 몇 가지의 소원을 함께 나열할 뿐만 아니라,
의미와 소원을 층층이 쌓는 방식으로 형성된다.
그 가장 아랫부분에는
어린 시절의 소원이 자리 잡고 있다.

『꿈의 해석』

꿈은 소원들이 만나는 공간입니다. 부정이 없는 무의식처럼, 꿈 역시 서로 다른 소원들을 함께 보여 줍니다. 소원의 축은 가로, 세로로 뻗어 가는데, 같은 시간 속 소원들과 서로 다른 시간 속 소원의 지층이 꿈을 구성하게 됩니다. 어떤 것도 상실되지 않고 무엇도 누락되지 않는 무의식의 특성에 의해 첫 번째 소원부터 현재의 소원까지 모든 것이 꿈을 방문할 수 있는데, 여기에는 어린 시절의 소원도 포함됩니다. 어른이 되는 과정에서 다른 사람의 목소리가 내 목소리와 섞이며 소원의 색깔이 흐려지지만, 어린 시절 가장 처음 우리 마음을 절실함으로 가득 채웠던 첫 번째 소원은 뚜렷한 자기만의 색깔로 무의식의 한 부분에 자리 잡고 있습니다. 물론 소원은 바뀔 수 있지만, 그때 느꼈던 가장 나다운 느낌은 늘 우리 마음속에 남아 있습니다.

꿈과 마찬가지로 증상도
소원의 충족과 관련된다.

「플리스에게 보낸 편지 발췌문」

히스테리 증상 역시 소원이 성취된 또 다른 형태입니다. 그 이유는 내 안에 두 명 이상의 내가 존재하기 때문입니다. 지금 또 다른 내가 원하는 것은 처벌입니다. 그의 소원은 자기징벌이며, 내가 벌을 받을 때 그동안 느꼈던 죄책감이 경감됩니다. 증상에서 도움을 얻을 수 있는 상황 역시 증상이 소원 충족의 역할을 맡게 되는 경우입니다. 아픈 사람이 되면 건강할 때는 누릴 수 없던 몇 가지 특권을 가지게 됩니다. 사람들이 나를 배려하고, 일의 양도 줄어들며, 모든 것이 평소보다 조금 수월해집니다. 어느날 갑자기 이런 특권을 모두 포기하고 아프지 않기로 결심하는 일은 쉽지 않습니다. 그러나 만약 자기징벌을 멈추지 않거나, 병의 이점을 계속 이용한다면, 내 몸과 마음은 점차 건강을 잃게 될 것입니다.

정신은 상호 대립적인 목적들이 전투를 벌이는 경기장이다.

『정신분석학 입문 강의』

마음의 구조는 복잡합니다. 나는 내가 사랑하는 사람을 동시에 미워하기도 하며, 나 자신에 대해서도 비슷한 양가감정을 가지고 있습니다. 내가 싫기도 하고 내가 기특하기도 합니다. 내가 불쌍하기도 하고 내가 밉기도 합니다. 어떤 일을 하고 싶기도 하고 그렇지 않기도 합니다. 싫기도 하고 또 한편으로는 좋기도 합니다. 내 안에 있는 어떤 인물에 초점을 맞추는가에 따라 내 소원도 달라집니다. 내 마음은 서로 다른 소원들, 서로 다른 목소리들이 전투를 벌이는 경기장입니다. 거기에는 너 같은 건 세상에 필요하지 않다고 말하는 우울증의 목소리도 있습니다. 그 목소리는 모든 것을 파괴합니다. 회복의 과정은 조용하게 진행되지 않습니다. 내 안의 가학적 목소리와 전투를 벌일 치유적 목소리를 되찾아야만 합니다.

**신경증의 증상은 두 개의 대치하는 힘이
일시적으로 타협할 때
그 결과로 나타나게 되는 산물이다.**

『꿈의 해석』

소원들의 전투 속에서 긴장이 극에 달할 때, 일시적인 휴전 상태를 만드는 것이 증상입니다. 증상은 나를 해치지만, 적어도 나 자신을 완전히 파괴하려고 덤벼드는 목소리를 일시적으로 잠재울 수는 있습니다. 증상은 내 시간을 멈추지만, 적어도 다급한 상황 속에서는 안전한 대안처럼 보입니다. 파괴충동을 극복하고 내 세상을 바꾸어 나가는 것은 목숨을 건 전투처럼 내 모든 것을 걸고 임해야 하는 작업입니다. 거대한 힘들의 줄다리기 속에서 잠시 시간을 멈추고 모든 결정을 보류한 상태가 신경증의 증상입니다. 그러나 이 시간이 지속되면 파괴충동에 유리한 상황이 연출될 수밖에 없습니다. 몸과 마음이 병들어 가며 에로스의 힘이 점차 사그라들기 때문입니다. 이 싸움에서 이기기 위해 해야 할 일은 삶의 에너지를 강화하는 것입니다.

**말은 그 자체가 증상으로서,
의식과 무의식 사이의 타협에 의해 생성된다.**

『옌젠의 《그라디바》에 나타난 망상과 꿈』

그 사람의 에너지 층위를 측정할 수 있는 좋은 방법은 그의 말을 분석하는 것입니다. 그 사람의 말을 통해 우리는 에로스와 파괴 충동 중 어떤 편의 소원이 그 사람을 지배하고 있는지 알 수 있습니다. 그 사람의 말을 들으면 우리는 그가 나르시시즘이 강한 사람인지, 리비도가 세상 속으로 넘쳐흐르는 사람인지, 남 안에 갇혀 있는 사람인지, 자신 안에 묻혀 있는 사람인지 알 수 있습니다. 의식적으로는 자기에게 어떤 문제도 없다고 생각하는 사람이 말로는 늘 남을 공격하고 해칠 수도 있고, 무엇에 대해 전혀 관심이 없는 척 행동했던 사람이 어느 순간 던진 한마디에서 엄청난 집착을 엿보게 되기도 합니다. 의식은 부정하지만 무의식은 긍정한다면, 그 줄다리기 속에서 말은 하나의 증상으로 튀어나오게 됩니다.

갈등이 없는 곳에서는
신경증이 발생하지 않는다.

『정신분석학 입문 강의』

마음의 병은 괴로움에서 시작됩니다. 아무 갈등 없이 선택하고, 결정한 후 거리낌 없이 그 결정에 책임질 수 있다면, 그 사람은 신경증을 필요로 하지 않습니다. 그러나 과연 이 상황이 가능할까요? 우리가 고민을 하게 되는 문제는 자주 갈등 상황에 관련되어 있습니다. 프로이트의 말은 모든 갈등 안에 신경증으로 이어질 수 있는 여지가 있으며, 인간은 모두 조금은 신경증적 증상을 가지고 있을 수밖에 없다는 뜻입니다. 우리 모두 늘 조금은 불안하고, 우리 모두 조금씩은 모든 선택과 결정을 보류한 채 도망치고 싶은 마음을 가지고 있습니다. 그러나 불안을 견디지 못하고 신경증 속으로 도피하면 그때부터 진짜 문제가 발생합니다. 신경증은 갈등 상황을 보류하며 평온을 선물하지만, 그 가짜 평온에 의해 우리의 마음은 병들게 됩니다.

증상을 풀어 간다는 것은
병을 이해한다는 뜻이다.

치유의 시작은 의지를 가지고 내 문제를 바라보는 것입니다. 싫은 일을 억지로 하고 있거나, 하고 싶은 말을 하지 못하거나, 내가 무슨 말을 하고 싶은지도 모르는 상태라면, 내 인생을 쥐락펴락하는 타인에게 내 삶이 구속되어 있을 확률이 높습니다. 누가 나 대신 생각하고 선택하고 명령하는지 질문할 필요가 있습니다. 내 삶인데 내가 없다면, 우리는 반드시 병들게 됩니다. 그리고 몸의 가장 약한 부분이 마음과 공모하여 고통을 호소할 것입니다. 왜 내가 무리했는지, 왜 내가 나 자신을 아프게 만들고 있는지, 언제, 그리고 왜 이 증상이 시작되었는지 하나씩 질문해 가며 무엇이, 그리고 누가 나를 불편하게 만드는지 알아내야 합니다. 증상을 풀어 가며 병을 이해하면 나를 보살필 수 있게 됩니다.

어떤 양상으로 드러나든, 히스테리적 고통의 핵심은 기억이다.

「샤르코의 《화요 강의》 번역 중 서문과 미주」

프로이트는 히스테리 환자에게 고통을 주는 것이 회상이라고 말합니다. 언젠가 심하게 모욕받았던 사건, 내 존재를 무너뜨린 일들은 내 피와 살로 동화되지 않습니다. 그 기억들은 늘 그 장소에서 사건이 발생했던 순간만큼 강렬하게 우리 삶의 모든 것을 뒤흔들고 있습니다. 관련 표상들은 그만큼 큰 에너지를 가지고 예상치 못한 부분에서 불쑥 튀어나옵니다. 갑자기 쏟아 내게 되는 말들, 발작처럼 하게 되는 행동들, 맥락 없이 쏟아지는 눈물은 모두 기억과 관련됩니다. 돌봐야 하는 부분을 방치했기에 기억을 둘러싼 더 큰 문제들이 자라나게 된 것입니다. 내가 사랑하는 사람이 이해할 수 없는 양상의 증상들을 보이고 있다면, 우리는 그의 손을 잡고 그가 자신의 기억을 만날 수 있도록 도와주어야 합니다.

증상은 의미를 가지고 있으며, 환자의 경험과 관련된다.

「정신분석학 입문 강의」

뭘 기억해야 하는지 모를 때도 있습니다. 그럴 때는 증상이 알려주는 반복을 따라가면 됩니다. 그 반복에는 의미가 있으며, 그 의미를 풀어 가는 과정에서 이야기가 드러납니다. 이해하기 쉽지 않은 모든 반복은 증상에 속합니다. 그것은 해결해 달라는 마음의 요청이 몸을 통해 드러나는 방식인데, 그런 요청을 무시하거나 약으로 다스리면, 증상은 그 이야기를 할 수 있는 다른 증상으로 옮겨 갑니다. 문제의 원인은 마치 신성한 대상처럼 잘 보존한 채 오히려 이로 인해 초래되는 결과를 없애려고 안간힘을 쓰는 경우가 많습니다. 가능한 한 이야기를 듣지 않기 위해, 의미를 증상 속에 영원히 봉인하기 위해 노력하지만, 이야기의 힘은 억압의 힘보다 강하기 마련입니다. 그 자체가 하나의 생명체이기 때문입니다.

히스테리에서는 정신적 과정이 신체적 과정에 끼치는 영향이 매우 크다.

「히스테리」

마음이 나와 타인을 해칠 수 있습니다. 동시에 마음이 나와 타인을 치유할 수도 있습니다. 정신이 신체를 치유할 수 있다는 이상한 주장이 정신분석의 핵심입니다. 보이지 않는 것은 의학의 대상이 아니라고 생각한다면, 몸과 마음의 관계에서 마음의 영역이 사라집니다. 약이 내 마음을 바꿀 수는 없습니다. 또한 의지나 의도를 신체 반응 중 하나로 간주할 수는 없습니다. 나는 아무것도 하지 않는데 마음의 병이 나을 수는 없습니다. 내가 내 병에서 사라져 버리면, 병은 기고만장하여 활개를 치게 됩니다. 마음이 나를 병들게 했다면 그 병을 치유하는 과정 역시 내 마음이 주도해야 합니다. 약은 이 과정에서 내 마음이 치유를 위해 사용하는 도구 중 하나가 되어야 합니다. 모든 것의 중심에 내 마음이 있어야 합니다.

생각에 의해 고통이 유발될 수도 있다. 이 고통 역시 매우 현실적이며, 매우 폭력적일 수 있다.

「심리적(정신적) 치료」

프로이트는 증상을 형성하는 것은 그 사람이 경험한 현실이라기보다는 그 사람의 생각이 만들어 낸 현실이라고 말합니다. 현실은 우리가 생각하는 것처럼 명확하고 분명한 일들로만 구성된 실제 세계가 아닙니다. 우리가 현실이라고 믿는 것 속에는 이미 환상적 요소가 포함되어 있습니다. 내 앞에서 일어나는 일들에 대한 내 해석 역시 현실의 한 부분이 되기 때문입니다. 오랫동안 꿈꾸며 계획했던 일들이 수포로 돌아갔을 때, 아무 일도 일어나지 않은 상태는 끔찍한 공허함과 상실감으로 채워지며, 아무것도 존재하지 않는 공백 속에서 생각은 괴물로 변해 갑니다. 다른 사람들에게는 별일 아닌 것처럼 보이는 현재의 상황이 비수가 되어 내 마음을 도려낼 수도 있습니다. 서로 다른 해석이 서로 다른 현실을 만들어 내는 것이 가능하기 때문입니다.

히스테리 증상이 사라진 후 재발하거나,
새로운 증상으로 대체되는 경우가 자주 있다.

「히스테리」

생각에 근본적인 변화가 일어나지 않는다면 현실은 바뀌지 않습니다. 현실을 객관적으로 보라는 조언이나 무서워할 것 없다는 이야기들이 문제를 해결할 수 없는 이유입니다. 증상 하나를 쉽게 없애면, 생각은 다른 증상을 통해 새롭게 현실을 구성합니다. 그 사람에게 객관적 현실이란 늘 무섭고 어두우며 침울한 세상입니다. 증상은 그 사람이 세상을 어떻게 경험하고 있는지 알려주는 지표이기도 합니다. 세상이 왜 그를 공격하고 위협하며 다치게 만드는지, 그 이유에 대해 질문하지 못한 채 생각이 굳어지면, 그런 생각이 만드는 현실은 늘 묵시록적인 어둠으로 가득 차 있을 것입니다. 증상은 그 사람의 생각이 세상을 향해 지르는 비명입니다. 잠시 볼륨을 내린다 해도, 그의 비명은 몸의 다른 기관을 통해 밖으로 새어 나오게 됩니다.

히스테리 환자들의 경우
심리적 '민감성'이 높은 경우가 많은데,
그들은 조금이라도 여지가 있는 경우
바로 상처받을 준비가 되어 있다.

「히스테리 병인론」

세상 모든 일은 언제나 어느 지점에서인가 잘 안 풀릴 확률이 있으며, 모든 관계는 언제나 어떤 지점에서인가 이별로 이어질 수 있습니다. 최악의 상황은, 잘되지 않을 것이라는 생각으로 마음을 가득 채운 후, 의지로 그렇게 만들고야 마는 경우입니다. 반드시 상처받고야 말겠다는 결심을 하는 경우도 여기에 속하는데, 사실 이 모든 과정을 주도적으로 이끌고 있는 것은 자기 자신입니다. 내가 바라던 대로 최악의 경우를 실현한다 해도, 불안이 경감되거나 상황이 나아지지는 않습니다. 모든 관계가 파괴되고, 의도했던 대로 내가 상처받은 영혼의 역할을 맡게 되며, 모든 것이 각본대로 흘러갔지만, 나는 이 극의 승자가 아닙니다. 불안과 싸우며 내가 관계 속에서 이루어 냈을 수많은 가능성을 모두 잃었기 때문입니다.

히스테리적 구조를 가진 사람은
경미한 타박상을
지대한 통증과 부상으로 바꿀 수 있다.

「히스테리」

정신분석에는 메뉴얼이 없습니다. '툭툭 털고 일어난다'는 표현은 부상이 경미하다는 뜻이 아니라 그 사람이 그렇게 하기로 결정했다는 것을 의미합니다. 프로이트가 소개하는 사례에는 사흘 정도면 나을 부상이 가능한 한 오래 지속되도록 만드는 한 환자의 이야기가 나옵니다. 가벼운 찰과상으로 끝날 수 있는 사고를 골절로 바꾸는 부인의 사례도 있습니다. 그들은 마음이 불행한 사람들이었고, 견딜 수 없는 절망의 무게를 부상의 정도로 전달해야만 했던 사람들이었습니다. 무의식적인 자해를 멈추기 위해 가장 먼저 해야 할 일은 내가 내 절망을 존중하는 것입니다. 내가 나를 돌보기 시작할 때, 타인의 폭력과 관계의 문제를 해결해 나갈 수 있게 됩니다. 오직 내가 내 편일 때에만 현실을 바꿀 수 있습니다.

히스테리의 경우, 환자의 자기암시나 믿음에 따라 약의 효과가 달라지기도 한다.

「히스테리」

병원 검사에서 가시적인 문제가 발견되지 않았다고 해서 고통이 가짜라고 생각해서는 안 됩니다. 비가시적인 원인에서 비롯된 마음의 고통 역시 현실의 일부이며 실제 통증입니다. 그 증상은 거짓이 아니며, 의지로 한순간에 극복할 수 있는 것도 아닙니다. 히스테리적 증상도 차근히 증상의 원인을 찾고 문제를 해결해야 합니다. 마음의 고통을 들여다보는 과정은 내 의지뿐만 아니라 용기와 체력과 시간을 필요로 합니다. 내가 뭔가를 해야 한다는 사실을 회피하고 있는 상황이라면, 환자는 가시적인 문제와 같은 방식으로 마음의 문제에 접근하게 됩니다. 비가시적인 문제에 약을 쓰는 경우, 환자의 증상을 완화하는 것은 약이 아니라 환자의 믿음입니다. 물론 거짓 믿음에 의한 약의 효과는 지속되지 않습니다.

우리는 히스테리의 원인이 무의식적 표상 세계 속에 있다고 생각한다.

「히스테리」

마음의 문제에서는 무의식의 내용에 초점을 맞추어야만 합니다. 무엇이 나로 하여금 나 자신을 파괴하게 만드는지, 왜 나는 문제에 맞서지 못하는지, 왜 나는 늘 똑같은 반복을 되풀이하는지를 이해하기 위해서는 의식이 알지 못하는 세상으로 건너가 보아야 합니다. 무의식 속에는 생각들이 떠다닙니다. 생각의 파편은 이야기를 구성하는 부분들로, 우리는 이 조각들을 표상이라고 부릅니다. 프로이트는 무의식적 표상 세계가 내 현실을 구성한다고 설명합니다. 무의식 속을 떠다니던 표상은, 의식에 비슷한 조각이 나타나면 바로 튀어나와 가시적 현실을 교란시킵니다. 무의식적 표상 세계가 내 의식과 적대적이라면, 의식의 세계는 결코 평온할 수 없습니다. 좀비의 공격을 받는 마을처럼 한시도 마음을 놓을 수 없게 됩니다.

**히스테리의 경우,
표상들이 진행되는 경로와
표상의 연결에 변화가 일어난다.**

「히스테리」

마음이 편안하고 내가 내 편이면 말과 행동이 자연스럽습니다. 그럴 때 우리는 좋은 걸 좋다고 하고 싫은 걸 싫다고 말할 수 있습니다. 그런데 내가 내 편이 아니면 표상들의 연결에 문제가 발생합니다. 싫은 사람은 멀리하고 내게 피해를 주는 사람은 경계해야 하는데, 내 말도 내 행동도 자연스럽지 않으며, 늘 뭔가 억지로 하게 됩니다. 기만의 시간이 지속되면 진실에 관련된 표상들은 무의식 속으로 추방되고, 나는 싫을 때 긍정하거나 좋은 걸 포기하는 이상한 일들을 습관처럼 하게 됩니다. 당연히 내 마음은 가만히 있지 않습니다. 무의식 속으로 밀려난 할 말 많은 표상들은 기회만 오면 의식의 표상과 연결되어 나를 공격하게 됩니다. 나는 특정 색깔에 놀라거나 타인의 특정 표정에서 심계항진을 느끼게 될 것입니다.

**히스테리 증상을 현재의 경험에 의한 결과로만
이해해서는 안 된다. 그러한 증상은 어린 시절의 경험을
상기시키는 표상과의 연계 속에서 발생한다.**

「히스테리 병인론」

나를 보호하기 힘들었던 어린 시절, 우리는 무방비 상태로 폭력에 노출됩니다. 좋다, 싫다 말하기도 전에 우리를 위한 결정들이 내려집니다. 그때 느꼈던 감정들은 고스란히 무의식 속에 남아 있습니다. 꿈에 가끔 그 세부가 나타나는데, 불편한 기억은 낯설지만 매우 친숙한 이미지들로 우리에게 돌아옵니다. 좋은 사람들을 만나고 좋은 경험을 하고 좋은 꿈을 꿀 수 있는 삶이라면, 불쑥 찾아오는 기억들과 오랜 감정들은 진주가 될 수 있습니다. 그러나 해결되지 않은 과거 위에 다시 감정의 폭풍이 몰아치면, 겹겹이 쌓인 괴로운 이야기들이 이어지며 거대한 괴물이 자라나게 됩니다. 시간의 축 속에서도 양분을 흡입하는 이 괴물은 현실에 비슷한 표상이 나타나면 곧바로 가장 고통스러웠던 첫 번째 이야기를 꺼내는 데 성공합니다.

히스테리 증상이 아닌 경우,
환자는 차분하게 자신의 고통을 명확히 묘사할 수 있다.
반면 신경증을 앓고 있는 사람은 자신의 느낌을
설명하기에는 언어가 너무나 부족한 도구라고 느낀다.
그는 그런 감정이 아직까지 알려지지 않은
매우 특이한 것으로서 그 느낌을 완전히 묘사하는 것은
불가능하다고 생각한다.

「히스테리 연구」

말은 부족한 도구입니다. 그러나 내가 내 몸과 마음을 위해 어떤 결정을 해야 하는지 알고 있다면, 어렵지 않게 말로써 내 생각을 전달할 수 있습니다. 문제는 말이 아니라 내 마음입니다. 언어가 부족한 도구이기 때문에 제대로 전달할 수 없는 게 아니라, 내가 원하는 게 무엇인지 결정하지 못했기 때문에 상황이 어렵게 느껴지는 것입니다. 그런 감정을 한 번도 느껴 본 적이 없다는 생각은 오리무중인 내 마음을 대변하는 표현입니다. 내 느낌을 완전히 묘사하는 것이 불가능하다는 말은 어떻게 선택해야 할지 모르겠다는 호소입니다. 어떤 표상이 어떤 방식으로 나를 공격할지 모르는 상황에서는 그 무엇도 확실하지 않습니다. 이럴 때는 제일 먼저 결정해야 하는 것부터 하나씩, 나를 위한 선택을 시작해야 합니다.

가끔씩 우리는 망각을 원하며,
의도적으로 기억을 잊지만,
완벽한 망각은 가능하지 않다.

『히스테리 연구』

내 몸과 마음이 편안한지, 아니면 괴로운지, 그 느낌을 이해할 수 있어야 합니다. 정신분석은 그 느낌에서 시작하고 내가 느끼는 감정에서 끝나게 됩니다. 불편하면 나 자신을 분석해야 하고, 편해지면 자기 분석이 종결됩니다. 아무리 애를 써 망각해도, 내가 삶의 한 조각을 억지로 밀어내고 있는 상황이라면, 그 불편함은 우리를 가만두지 않습니다. 마음 역시 의지를 가지고 기억을 회복하고자 노력합니다. 세상에는 나 자신이 언젠가 망각을 원했으며 내 의지로 기억을 잃었다는 사실을 잘 알고 있는 사람이 있습니다. 그것은 바로 나 자신입니다. 모두를 속여도 나 자신을 속일 수는 없기에 완벽한 망각은 가능하지 않습니다. 나는 내가 나를 위한 결정을 내리는지, 나 자신을 존중하지 않는지 너무나 잘 알고 있습니다.

**"아무 생각도 하지 않았습니다.
그냥 좀 어지러웠을 뿐입니다"라고 말할 때,
사실 이런 상황에서도 환자에게는
분명히 어떤 생각의 파편이 떠올랐을 것이다.**

「히스테리 연구」

사람들은 아무 이유가 없다는 말을 자주 합니다. 그냥 좀 피곤해서 나온 실수라는 말도 자주 듣게 됩니다. 그런데 가만히 생각해보면 이유가 있었고, 생각을 했고, 실수가 아니었던 경우들이 있습니다. 신경증은 지금 당장 결정할 수 없고, 선택할 수 없으며, 그것에 책임을 질 수 없는 상황일 때 우리가 숨어드는 도피처입니다. 그곳에서는 몇 가지의 표현만이 허용되는데, 여기에는 "나도 잘 모르겠다", "기억나지 않는다", "그냥 가만히 있고 싶다"가

포함됩니다. 프로이트는 환자에게 왜 특히 그 장소에서 현기증을 느꼈냐고 물었고, 이 질문에 환자는 아무 생각도 하지 않았다고 답합니다. 프로이트는 그에게 이유 없이 떠오른 첫 번째 생각에서부터 이야기를 시작해 보자고 말합니다. 진실을 찾는 여정은 이렇게 시작됩니다.

가끔은 망각이 변명 또는 타협으로 이용된다.

『일상생활 속의 정신병리학』

처음부터 멋있는 어른일 수는 없습니다. 모든 순간 용기를 내며 말하고 행동하고 생각할 수도 없습니다. 가끔은 비겁해지고 도망치기도 합니다. 하지만 언제나 기어이 다시 용기를 낸다면, 삶이 실수에서 실수로 이어진다 해도, 언젠가 누군가에게 조언을 할 수 있는 어른이 될 수 있습니다. 용기를 내지 못하는 순간들은 멋있게 보이지 않습니다. 감추고 싶은 모습이고, 부끄러운 순간들입니다. 누구나 다 경험하는 이 부끄러움 앞에서 우리는 두 가지 방식으로 반응할 수 있는데, 그중 하나는 그게 내가 아니라고 우기는 것이고, 다른 하나는, 무척이나 민망하고 속상한 상황에서도 나 자신을 위해 변명하지 않는 것입니다. 물론 전자는 거짓말입니다. 거짓말을 할 때는 그 상황을 흐릿하게 만들어 줄 망각의 도움이 필요합니다.

우리는 어떤 것에 대해 매우 잘 아는 동시에
그것에 대해 전혀 모를 수도 있다.

『히스테리 연구』

상대의 망각까지 사랑해 줄 수 있는 것이 사랑입니다. 왜 망각했
는지, 이제 어떻게 도와주면 되는지, 그가 자신의 모습을 어느 정
도 회복했는지, 그 사람이 원래 어떤 사람인지 아는 게 사랑일 것
입니다. 프로이트는 남편이 아내를 전혀 알지 못할 때가 있고, 부
모가 자식의 마음을 이해하지 못하는 경우도 있다고 말합니다.
왜 연인이 그런 말을 했는지, 왜 아내가 그런 행동을 하는지, 왜
아이가 그런 증상을 보이는지 오리무중이라면, 내 연인과 아내
와 아이는 편안한 상태가 아닐 확률이 높습니다. 함께 있는 가장
가까운 사람이 그들을 전혀 이해하지 못하고 있는 상황이기 때
문입니다. 최악의 경우는 그렇게 하면서도 내가 내 연인을, 아내
를, 아이를 너무나 잘 안다고 생각할 때입니다. 그런 확신은 사람
을 다치게 만듭니다.

히스테리 환자의 병을 조력하는 내적 동기가
자기징벌인 경우가 있다.

『히스테리 사례 분석』

모든 것이 나 때문이라는 확신을 갖게 되는 경우, 어떤 현명한 조
언도, 어떤 사실에 대한 설명도 이 확신을 흔들지 못할 때가 있습

니다. 다 나 때문이라는 생각은 자기징벌로 이어집니다. 이때 환자가 이용하는 것이 증상입니다. 이런 확신은 관계가 차단된 상태에서 비롯되는 것이기에 사실 여부는 별로 중요하지 않습니다. 내가 사랑하는 사람이 나를 원망할 리 없는데, 나는 그가 분명히 나를 미워할 것이라고 확신합니다. 내 앞에서 모두 당신 때문이라고 그가 소리 지르고 있을 때, 그 원망이 그의 증상임에도 불구하고 그 말을 사실로 받아들이기도 합니다. 그의 마음을 치유하는 것이 먼저인데, 나를 파괴하려는 결심으로 이 과정을 대체해 버립니다. 그렇게 되면 잘못된 확신 속에서 그도 나도 함께 망가집니다.

신경증의 원인은
다양한 층위에서 중층결정된다.

「히스테리 연구」

우리는 하나의 중심을 가진 하나의 완벽한 원을 그리는 데 익숙합니다. 원이 찌그러지거나 중심이 사라지면 불안함을 느낍니다. 그런데 프로이트는 병리학적 이야기 속에는 언제나 하나 이상의 중심이 존재한다고 말합니다. 중심이 두 개일 수는 없을 테니, 이 구도는 두 개의 초점을 가진 타원과 유사할 듯합니다. 물론 초점이 그 이상인 곡선도 존재합니다. 신경증의 원인도, 증상도 이와 같이 하나 이상의 이야기로 구성되어 있습니다. 증상은 다양한 층위에서 다면적으로, 다양한 방식으로 중층결정됩니다. 가해자가 합당한 처벌을 받지 않고, 내 고통이 존중되지 않으며, 가장 가까운 사람들조차 나를 이해하지 못한다면, 고통의 출구가 봉쇄됩니다. 더불어 시간의 축 속에서 고통스러운 상황이 겹겹이 쌓이게 되면 신경증이 출현합니다.

증상은 하나 이상의 의미를 가지며,
그 속에서는 몇 가지의 무의식적 과정이
동시에 진행되고 있다.
하나의 무의식적 정신 과정이나
하나의 환상이 증상을 만들게 되는 경우는
거의 없다고 해도 좋다.

「히스테리 사례 분석」

수학은 직관적이지 않습니다. 복잡한 과정을 통해 하나씩 풀어가지 않으면 답을 구할 수 없습니다. 내 증상을 이해할 때, 우리는 현재 나를 괴롭게 만드는 상황과 사람에 대해 생각해 보아야 합니다. 이 과정에서 사실은 그런 상황이 반복되어 온 것임을 깨닫게 될 수도 있습니다. 더불어 시간을 거슬러 돌아가 보았을 때, 다른 상황 속에서 같은 일이 반복되었고, 내가 큰 스트레스를 받았다는 것을 알게 되기도 합니다. 언제 이 반복이 시작되었는지 하나씩 되짚어가다 보면 망각의 베일이 벗겨집니다. 그리고 내가 늘 같은 고통 속에 살아왔다는 것을 깨닫게 됩니다. 아무리 벗어나려고 애써도 그렇게 할 수 없었던 이유는, 시간 속에서 촘촘히 짜인 반복의 그물 때문이었습니다. 그 속에는 다수의 인물과 그들에 관련된 이야기가 들어 있습니다.

강박증에서 강박적 사고는
타협의 산물이다.

「플리스에게 보낸 편지 발췌문」

결혼을 금지하는 아버지 앞에서 아버지를 거역할 수도 없고 사랑하는 여인을 포기할 수도 없을 때, 환자는 선택과 결정을 무기한 보류한 채 강박증 증상으로 도피합니다. 아버지에게 나쁜 일이 일어나면 어쩌나 걱정하다 그 나쁜 일을 막기 위한 방법들을 고안해 내기도 합니다. 물론 생각과 그 생각을 취소하는 행위들 이면에는 아버지에 대한 큰 미움이 자리 잡고 있습니다. 그렇게 하지 않겠다는 말은 늘 어렵습니다. 모두 조용히 해결하고 싶고 큰 소리 나지 않게 넘어가고 싶습니다. 그런데 그 조용한 과정은 우리를 병의 길로 이끌게 됩니다. 치유의 길은 소란스럽습니다. 해야 하는 결정을 하고 소란스러움을 견디며 이 모든 것에 책임을 지는 것은 쉬운 일이 아닙니다. 모두를 행복하게 만드는 결정은 존재하지 않습니다.

**강박적 사고는 논리의 공격을 받아도
흔들리지 않는다.**

「플리스에게 보낸 편지 발췌문」

우리는 증상에 매달립니다. 프로이트는 환자가 증상을 사랑한
다고도 말합니다. 다른 방법을 강구하는 것이 불가능하게 느껴
질 때, 우리는 증상에 의지합니다. 무너지지 않기 위해 안간힘을
써서 손을 뻗어 증상을 잡게 됩니다. 증상에 대해 질문할 수 있
는 여력이 없다면, 우리는 가능한 한 증상을 보호하기 위해 최선
의 노력을 다합니다. 내가 준비되기 전에 증상이 사라진다면, 우
리의 존재 자체가 무너질 것 같은 두려움을 느낄 것입니다. 증상
이 논리적인 설명 앞에서도 건재한 이유입니다. 증상은 합리적
인 판단이나 이성적 추론, 논리적 사고가 작동할 수 없는 지점입
니다. 강박적 사고는 논리로 공격해야 하는 대상이 아닙니다. 증
상 안의 이야기를 듣고 환자가 대면한 현실의 교착상태를 이해
할 수 있어야 합니다.

**우리는 레오나르도가 그린 그림에서
명확히 드러나는 실수들을
관찰할 수 있다.**

「레오나르도 다빈치의 유년 기억」

프로이트는 다빈치의 그림을 감상하며 그림 이면의 이야기를 듣

습니다. 다빈치는 본격적으로 해부학을 공부한 사람이지만, 이상하게도 여성의 신체 해부도를 스케치할 때는 전체 그림을 단순화했으며 명백한 실수도 저질렀습니다. 이것은 그의 증상으로 볼 수 있는데, 완벽함에 집착했던 그가 왜 왜곡된 방식으로 그림을 그렸을까요? 무엇 때문에 다빈치는 자기가 가장 잘 알고, 잘 하는 일에서조차 부자연스럽게 행동했던 것일까요? 이 질문들은 한 사람에 대한 분석이 시작되는 지점입니다. 프로이트는 자신의 상식으로는 쉽게 이해되지 않는 상황에 맞닥뜨렸을 때, 논리적이지 않다고 화를 내기보다, 그 사람이 왜 말이 안 되는 말을 했는지, 왜 이해할 수 없는 행동을 했는지 질문합니다. 이 질문이 그 사람을 이해하기 위한 첫 단계입니다.

**편집증의 경우,
그 사람이 관찰하는 모든 것은 의미로 가득하며,
모든 것은 해석될 수 있다.**

『일상생활 속의 정신병리학』

삶 속에는 의미 있는 이야기들과 함께 의미 없는 지점들이 무수히 섞여 있습니다. 잡지에서 읽은 기사는 내 이야기가 아니며, 버스에서 내 옆자리에 앉은 사람은 나와 전혀 관계가 없는 타인입니다. 직장 동료가 입은 옷의 브랜드도, 지금 지나가는 버스 번호도 모두 의미가 있어서는 안 되는 일상의 세부들입니다. 그런데 편집증의 경우, 무의미해야 하는 곳들이 의미로 채워지기 시작합니다. 배우자의 모든 행동에 의미를 부여할 수 있으며, 그렇게 만들어진 의미들이 모여 하나의 세계를 구성하게 됩니다. 프로이트는 그 사람의 존재 자체를 뒤흔든 외상적 사건 속에서 말이 되지 않는 상황을 어떻게든 이해하기 위한 노력의 일환으로 증상이 나타날 수도 있다고 생각했습니다. 이 경우 증상은 그가 세상을 이해하는 방식입니다.

우리는 편집증 환자가 창조한 망상을 병리적인 산물로 이해하지만, 그것은 다시 세상을 구성하기 위한 환자의 시도이자, 회복을 위한 노력으로 간주되어야 한다.

『편집증 사례의 자전적 기록에 대한 주석』

프로이트는 정신병의 경우, 망상은 위험한 것으로서 망상을 없애야 한다는 생각에 반대합니다. 증상을 이해해야 한다고 조언했던 것과 마찬가지로, 이번에도 그는 망상이란 환자가 살기 위해 매달린 마지막 보루로서 그 자체가 회복과 재건을 위한 환자의 노력이라고 설명합니다. 프로이트에 의하면, 정신병의 구조 속 망상이란 모든 것이 불에 탄 후 아무것도 남지 않은 잿더미 위에서 환자가 다시 세상을 만드는 과정입니다. 그러나 그러한 상황에서 사용할 수 있는 재료는 제한되어 있으므로, 이 재료들로 환자가 만들어 낸 세상은 현실의 모습을 완전히 재현할 수는 없습니다. 망상을 적대시하며 없애려고 노력하기보다 그 역할을 이해하고 환자의 고통에 공감할 때 치료가 시작됩니다.

혼란스러운 상태인 듯 보이는 망상에도 의미가 있다.

『꿈의 해석』

정신분석이 다루는 마음의 병에는 마음의 상태와는 무관하게 그냥 약만 먹으면 되는 증상은 없습니다. 언제나 증상이 들려주는 마음의 이야기를 함께 들어야 합니다. 망상이나 환각 역시 마찬가지입니다. 망상은 환자가 어떤 이야기를 들려주는 한 방식일 수도 있습니다. 우리는 망상의 이야기를 직관적으로 이해할 수 없습니다. 즉 정신병의 경우 분석가는 환자의 망상과 환각을 통해 그의 언어와 그의 세상을 배워 가야 합니다. 그의 세상이 어떻게 구성되어 있는가를 이해할 때 비로소 그와 이야기를 나눌 수 있습니다. 환자의 증상을 혼돈으로 간주하고 망상을 제거 대상으로만 파악한다면 모든 소통의 가능성이 차단됩니다. 정신분석에서는 정신병의 증상 역시 신경증의 증상과 동일한 방식으로 관련 표상들을 언어학적으로 분석합니다.

자아가 괴로운 표상들을 추방할 때
사용하는 동일한 힘으로
환자는 자신의 망상적 표상들을 유지한다.
그러므로 그는 자신의 망상을
자기 자신만큼 사랑한다.

「플리스에게 보낸 편지 발췌문」

정신병적 망상 때문에 고통받았던 슈레버 판사는 형과 함께 훈육이라는 이름으로 자행된 아버지의 학대를 당한 피해자입니다. 형은 자살로 삶을 마감하게 되었으며, 슈레버 판사는 이해할 수 없는 명령을 하는 신에 대한 망상을 가지게 되었습니다. 신과 결혼하기 위해 그는 우선 여성의 몸으로 변환되어야 했습니다. 신은 원대한 계획 속에서 그에게 여성으로 변하라는 명령을 내렸으며, 슈레버는 절대적인 명령에 복종하는 것을 자신의 의무로 여겼습니다. 그가 망상을 포기하는 순간 그는 아버지의 학대를 인정해야 합니다. 망상이 그를 지켜 주는 한 그는 아버지에 대한 진실을 마주하지 않아도 됩니다. 물론 증상은 중층결정됩니다. 그러나 명확한 점은 인간의 존재를 파괴하는 폭력 앞에서 아이는 무력할 수밖에 없었다는 사실입니다.

왜곡과 오래로 가득한 환자의 이야기 속에서도
우리는 과거가 현재로서 살아 있다는 것을
깨닫게 된다.

『레오나르도 다빈치의 유년 기억』

환자들의 산만하고 복잡한 이야기는 많은 부분이 왜곡되어 있고, 환자가 잘못 이해하고 있는 부분도 있는데, 프로이트는 이 이야기들 속에서 무엇이 진실인가에 대해 질문하거나 고민하지 않습니다. 그는 환자의 고통과 마찬가지로 환자의 이야기 역시 모두 그에 대한 진실을 알려 주는 정보로 간주합니다. 환자가 분명히 그렇게 느끼고 있기 때문입니다. 뭔가를 계속 숨기거나, 거짓말을 하거나, 논리적이지 않은 방식으로 이야기를 해도, 그것은 그렇게 말하는 사람에 대해 알려 주는 중요한 세부들입니다. 현재 속에서 드러나는 증상은 가치판단의 대상이 아니며, 그보다는 무엇이 그로 하여금 그렇게 말하게 만들었는지를 이해하게 도와주는 자료입니다. 이 자료들을 통해 프로이트는 현재 속에서 드러나는 환자의 과거를 찾아냅니다.

특정 경험의 핵심적 요소들 대신 동일한 경험과
관련된 사소한 요소들이 기억되는 경우가 있다.
이를 인접성에 근거한 전치라고 부른다.

『은폐 기억』

정신분석은 증상의 이야기를 듣기 위해 언어학을 사용합니다. 환자가 이해할 수 없는 말을 할 때, 프로이트는 말을 증상으로 이해하고 말의 모든 세부를 조각내어 하나씩 분석해 갑니다. 이 과정에서 그는 환자가 하나의 중요한 단어를 인접 거리에 배치되어 있던 사소한 단어로 대체한다는 것을 알게 됩니다. 그리고 이 현상이 우리가 언어를 구사할 때 나타나는 보편적 현상이라고 설명합니다. 우리는 모두 자기만의 방식으로 말합니다. 각자의 방식으로 마음의 고통을 느끼고, 각자의 방식으로 그것을 표현하거나 숨깁니다. 인접성에 근거했다고 말하지만, 사실 하나의 기억이 그와 정반대되는 기억으로 대체되기도 하는데, 상반된 단어, 표상, 기억 역시 연상 속에서는 서로 나란히 배치될 수 있습니다.

기억 속에서는 장소가 바뀌고,
두 사람이 한 사람으로 압축되거나
한 사람이 다른 사람으로 대체되며,
서로 다른 경험이 하나로 합쳐져
하나의 장면을 만들기도 한다.

「은폐 기억」

우리는 확신했던 기억에 오류가 있었다는 사실을 깨닫게 되기도 합니다. 분명히 선명하게 기억한다고 생각했는데, 나중에 보니 전혀 다른 시간대로 예전 기억을 옮겨 놓았다는 것을 알게 되기도 합니다. 기억 속에서는 비슷한 점이 있는 사람들이 유사성을 통해 자리를 바꿀 수도 있습니다. 어떤 사람이 떠오르긴 하는데, 그가 이 사람이었던 것도 같고 저 사람이었던 것도 같은 느낌이 드는 경우도 있습니다. 또는 장소나 시간이나 경험 자체가 이와 같이 대체되고 압축됩니다. 기억의 조각들이 언어의 구조와 같이 움직이기 때문입니다. 기억의 표상들은 자리를 바꾸거나 압축될 수 있으며, 이전의 형태를 모두 잃어버린 채 새로운 표상으로 태어나기도 합니다. 분석하지 않으면 어떤 기억이 대체되었고, 어떤 기억이 압축되었는지 알 수 없습니다.

억압된 것의 귀환은
전치와 압축을 통해 발생한다.

『옌젠의 《그라디바》에 나타난 망상과 꿈』

추방되었던 것들이 귀환할 때도 언어의 길을 따라 움직입니다. 표상들은 압축과 전치를 통해 다른 표상과 섞이거나 인접한 표상 또는 반대의 표상과 대체됨으로써 현실에 드러납니다. 다른 표상 뒤에 숨으면 원래의 모습이 흐려지며 검열에 걸리지 않기 때문입니다. 비슷해 보이지만 그 인물은 아닌 듯 보인다면 충분히 검열을 통과할 수 있습니다. 압축 속에 숨거나 전치에 의해 잠시 사라졌던 표상은 현실로 귀환하는 동시에 본모습을 드러냅니다. 아주 작은 표상만 있으면 억압되었던 모든 것이 이 표상을 통해 현재로 귀환할 수 있습니다. 자아는 어떤 것도 억압된 것의 통로가 되지 못하게 만들기 위해 모든 통로를 차단하려고 노력하지만, 그것은 불가능한 과제로서, 이 과정에서 우리는 에너지를 소진하게 됩니다.

억압된 것들의 귀환과 함께 방어가 무력화된다.

「플리스에게 보낸 편지 발췌문」

내 몸과 마음이 다치는데도 아무것도 하지 않고 방치하는 경우가 있습니다. 모든 변화는 소란스럽습니다. 그게 싫어서 조용히만 있으려면 많은 것을 억압해야 합니다. 내가 다친다는 사실부터 누군가가 나를 다치게 만든다는 사실까지 모든 걸 억압하고 나면, 내 앞에 있는 사람도 나도 전혀 문제가 없는 듯 보입니다. 그러나 진짜 문제는 원래의 자리에서 우리에게 진실을 알리기 위해 기회를 엿보고 있습니다. 괜찮을 수 없는 것을 괜찮은 것으로 만들고, 나쁜 사람을 좋은 사람으로 탈바꿈시키며, 병든 나를 건강한 사람이라고 생각하며 방어하지만, 억압된 진실의 힘은 어느새 내 거짓말을 이기게 됩니다. 방어막을 뚫고 표상 하나가 튀어 오르면 방어 기제 자체가 무력해집니다. 그리고 더 이상 나 자신에게 거짓말을 할 수 없게 됩니다.

우리가 어떤 것을 잊어버리는 경우,
억압이 하는 역할을 간과해서는 안 된다.
신경증에서뿐만 아니라 일상생활 속에서도
동일한 과정이 일어난다.

「망각의 심리 기제」

약속이나 할 일을 잊어버리는 것은 흔히 일어나는 실수입니다. 그러나 어떤 망각에는 억압이 관여하고 있습니다. 하기 싫은데도 매번 어떤 일을 해야 하는 경우가 있는데, 싫다는 말을 한 번도 하지 못하거나 아예 그런 말을 할 생각조차 하지 않고 있다면, 나는 그 일을 하지 않아도 되는 다른 방법을 동원합니다. 바로 망각입니다. 내가 해야 할 말을 억압하고 있기 때문에 발생하는 실수로서 이것은 치밀하게 계획된 행동입니다. 시간을 내 정성껏 선물을 고르고 포장한 후 버스에 놓고 내렸다면, 지금 내 안에서 억압이 작동하고 있지는 않은지 질문해 볼 필요가 있습니다. 왜 이 관계에서는 주는 역할과 받는 역할이 정해져 있는지, 왜 늘 주는 사람은 나여야만 하는지를 생각하며 내가 속으로 화를 내고 있는 상황일 수도 있습니다.

어린 시절의 기억은
사람들이 말하는 것처럼 떠오르는 것이 아니다.
그 기억들은 그것을 기억하는 순간 형성된다.

「은폐 기억」

어린 시절의 추억을 떠올릴 때, 우리는 예전의 일들이 그대로 기억난다고 생각하지만, 사실은 그것을 기억하는 순간 추억이 완성되는 것입니다. 언제 그 기억을 떠올렸는지, 어떻게 이야기를 시작하는지에 따라 기억이 결정됩니다. 내 경험에 따라 기억의 질감과 내용도 달라집니다. 기억하기 싫은 것, 지긋지긋한 것으로 기억하곤 했던 일이 시간이 흘러 어느 순간 불현듯 아름다운 어린 시절로 바뀌기도 합니다. 과거의 사실 그 자체를 그대로 길어 올리는 것이 아니라, 사실이라고 불리는 내용을 내가 마치 허구의 서사를 구성할 때처럼 고치고 있다는 말입니다. 그런데 허구와 사실이 함께 우리 삶의 진실을 만들게 됩니다. 프로이트는 심지어 정말 그런 일이 있었는지 그 자체는 중요하지 않다고까지 말합니다.

의도란
행동을 수행하기 위한 충동을 뜻한다.

「일상생활 속의 정신병리학」

모든 것의 시작은 소원입니다. 소원에 의해 마음의 에너지가 특정 방향으로 움직이게 됩니다. 프로이트는 행동을 수행하기 위한 충동을 의도라고 부르는데, 의도가 없는 곳에서는 어떤 일도 일어나지 않습니다. 여기서 의도는 의식의 의지가 아니라 무의식의 바람을 뜻합니다. 무의식의 의도는 의식의 생각과 무관하게 어떻게든 그 목적을 달성합니다. 어떻게든 그 사람 옆으로 다가가고, 어떻게든 소심한 복수라도 하고, 어떻게든 내 마음을 알립니다. 의식은 도망가지만 무의식은 절대로 회피하지 않습니다. 만약 의식과 무의식의 의도가 다르다면, 우리는 엄청나게 많은 시간과 에너지를 낭비하게 됩니다. 그러나 만약 의식과 무의식이 협업하고 있다면, 그래서 동일한 의도를 가지고 행동한다면, 우리는 효율적으로 목적한 바를 달성하게 됩니다.

자기비난의 목소리가 울려 퍼질 때, 우리는 실수로 어떤 행동을 하게 된다.

『일상생활 속의 정신병리학』

정신병의 환청은 환자가 실제로 외부에서 소리가 들린다고 확신한다는 점에서 신경증의 증상과는 다릅니다. 후자는 그 목소리가 내부에서 비롯된다는 것을 알고 있습니다. 그러나 신경증에서 나타나는 자기비난의 목소리도 한 사람을 파멸시킬 정도로 폭력적인 힘을 가지고 있습니다. 그 목소리가 자주 사용하는 도구가 바로 우리의 실수입니다. 실수로 넘어지고, 실수로 떨어뜨리고, 실수로 사랑하는 사람에게 상처가 되는 말을 합니다. 나는 내 얼굴에 생채기가 나게 만들거나 내 뼈를 부러뜨리고, 사랑하는 사람이 나를 떠나게 만들 수 있습니다. 이 파괴적인 프로젝트에는 무의식적 의도가 작동하고 있으므로 의식의 의지는 어느 순간 무력해집니다. 이 경우에도 치유의 시작은 실수라는 증상의 이야기에 귀를 기울여 보는 것입니다.

우리가 말하지 않기로 결정하는 순간,
우리는 말실수를 하게 된다.
제어당한 목적은 발화자의 의지에 반하여
단어 속에서 스스로를 드러낸다.

『정신분석학 입문 강의』

자율성을 박탈당한 말은 우리 몸속에 침입한 외계 물질처럼 이물질이 됩니다. 내 머리를 휘젓고 다니며 스스로의 의지로 내 입을 통해 세상으로 튀어나옵니다. 비슷한 모양이 나타나면 그 단어 속에 침투하여 압축과 전치를 통해 자신을 드러냅니다. 말하지 않겠다고 결심하면 할수록 실수로 가장한 무의식의 작동은 더욱 빈번해집니다. 말하는 사람의 의지는 무의식의 의도를 이기지 못합니다. 무의식의 이야기를 이해할 때까지 무의식은 삶과 관계를 파괴합니다. 통제하려 하면 할수록 몸과 마음의 거리는 멀어지고 나는 나 자신으로부터 소외됩니다. 이것은 무의식적 소원을 무시하고 자신의 마음대로 내 삶을 재단하고자 했던 의식의 오만과 독단에서 시작된 비극입니다.

물건을 떨어뜨리거나 엎거나 깨는 행위들은 자주 무의식적 사고의 흐름을 보여 준다.

『일상생활 속의 정신병리학』

힘들 때 바라보면 다시 시작할 수 있는 힘을 주는 사진들이 있습니다. 그 순간을 떠올리고, 그 사람을 생각하며 좀 더 견뎌 보자고 나 자신을 다독이게 됩니다. 반면 눈에 띄면 부아가 치밀어 오르는 물건들, 속을 뒤집어 놓는 사람들도 있습니다. 의식이 다 때려 부수고 싶다는 생각을 할 때 무의식은 이를 실행합니다. 그 사람과 관련된 물건을 우연히 떨어뜨려 부수고, 그 사람 옆자리에 앉게 되면 실수로 물을 쏟습니다. 다른 일 때문에 서두르다 그가 선물한 물건을 깨뜨리기도 합니다. 의식이 이 상황을 모르는 척할 수도 있습니다. 그럴 땐 무의식이 빚어내는 실수들이 더 현란해집니다. 의식이 당당히 분노를 표출하면 더 이상 무의식을 동원해 내 물건들을 때려 부술 필요가 없게 됩니다.

의식적인 다짐으로는 무의식적 동기를 극복할 수 없다. 무의식적 의도를 극복하기 위해

**우리는 우리에게 알려져 있지 않았던 것을
의식이 알아차리도록 도와야 한다.**

『일상생활 속의 정신병리학』

쉬운 조언이나 불굴의 의지로는 무의식을 움직일 수 없습니다. 무의식은 오직 진실에만 반응하는 영역입니다. 내 마음의 거짓말탐지기는 내가 나 자신에게 거짓말을 하고 있을 때 요동칩니다. 의식은 아주 가끔씩 그동안 알지 못했던 사실을 알아차리게 되기도 하는데, 그것은 의식이 무의식의 의도를 파악하고, 사실은 의식 역시 아주 오랜 시간 동안 그렇게 느끼고 있었다는 것을 인정하는 과정을 뜻합니다. 부모님, 연인, 스승은 늘 좋은 분들이어야 하기에, 그들이 무슨 짓을 해도 의식은 가능한 한 그들을 좋은 사람으로 만들기 위해 최선을 다합니다. 하지만 마음속에서는 이미 그렇지 않다는 걸 알고 있는 상황들이 있습니다. 무의식의 이야기를 만난 후 가만히 생각해 보면, 그것은 내가 늘 알고 있었던 사실이었습니다.

**우리가 어떤 실수를 했을 때,
우리는 우리 안에서 동기를 찾기보다는
주로 부주의나 우연으로 그것을 설명하게 된다.**

『일상생활 속의 정신병리학』

우리는 자주 거짓말을 합니다. 그중 나 자신에게 가장 자주 거짓말을 하게 됩니다. 내 안에 그런 동기가 없었다는 걸 알리기 위해 갖은 노력을 다하게 될 때도 있습니다. 내가 실수를 저지른 사람에게 변명을 하는 것처럼 보이지만, 사실 나는 나 자신에게 아무 의도가 없었다고 재차 변명하고 있는 것입니다. 무의식적 동기를 인정하는 순간, 아무 문제 없던 현실이 하나의 문제가 되어버리기 때문입니다. 어떤 일을 해결하거나 바꾸는 데 써야 하는 에너지를 우리는 아무 일이 없게 만드는 데 소진해 버리기도 합니다. 조금 싫은 것, 조금 불편한 것에 대해서는 무의식이 의도를 가지고 많은 에너지를 쓰지 않습니다. 행동으로 표현되었다는 것은 이제는 좀 들여다봐 달라는 비명인데, 우리는 우연이라는 말로 무의식의 소음을 차단합니다.

정신생활은 우리가 생각하는 것처럼 자유롭거나
임의적이지 않다. 어쩌면 전혀 자유롭지 않으며
어떤 임의성도 없다고 말해도 될 듯하다.
우리가 살면서 운이라고 부르는 것에도 사실은
법칙성이 존재하며, 임의적인 것으로 보이는 일 역시
법칙에 의해 결정된다.

『옌젠의 《그라디바》에 나타난 망상과 꿈』

프로이트는 우리의 생각 중 어떤 것도 미리 결정되지 않은 건 없다고까지 말합니다. 생각에 이르렀다면, 그 표상은 이미 그만큼의 에너지를 가지고 있다는 뜻입니다. 그런 의미에서 내가 하는 모든 생각은 다 내 무의식의 의도와 무의식의 소원에 대해 알려 줄 수 있는 귀한 자료입니다. 지금 의식이 무의식의 의도를 무시하고 있다고 하더라도, 그러한 의식의 태도는 무너지게 마련이며, 머지않아 우리의 몸과 마음은 무의식이 원하는 방향으로 움직여 나아가게 됩니다. 그러나 무의식이 무시당하는 시간이 지나치게 길다면 소원의 길은 증상에 의해 막혀 버릴 것입니다. 햄릿의 말처럼 꼭 이루어져야 하는 일이라면 결국 이루어집니다. 언젠가 어떤 방식으로든 의식은 무의식의 의도를 파악하게 됩니다.

우리가 무엇으로부터인가 도망칠 때, 그 도피는 우리가 도망치는 것으로 우리를 인도하는 도구가 된다.

『옌젠의 《그라디바》에 나타난 망상과 꿈』

무의식은 매우 정교하고 집요해서 그 의도를 실현시킬 때 마치 예술가가 작품을 빚어내는 것처럼 시간으로 하나의 예술작품을 창조합니다. 생각하지 않기 위해 하는 모든 행동이 그 생각을 떠오르게 만드는 기폭제가 되고, 그 사람을 만나지 않으려고 달아나면 그 모든 도피의 여정이 한 치의 오차도 없이 정확히 그가 있는 곳으로 나를 데리고 갑니다. 의식의 저항이 무의식의 의도와 겨루지 못하는 이유입니다. 여기서 문제는 시간과 에너지인데, 도피에 낭비한 시간과 에너지는 절대로 되찾을 수 없습니다. 할 수 있었던 많은 일이 도망치는 과정에서 모두 흩어져 버리게 됩니다. 의식이 조금만 용기를 냈다면 그 시간을 잃지 않았겠지만, 무의식은 사연이라는 이름으로, 이 안타까움마저 작품의 일부가 되게 만들 수 있습니다.

억압의 도구로 사용된 바로 그것이
억압된 것이 귀환하는 통로가 된다.

『엔젠의 《그라디바》에 나타난 망상과 꿈』

우리는 너무 쉽게 좋은 것과 나쁜 것을 나누고, 내게 도움이 되는 것과 쓸모없는 것을 구분합니다. 그러나 무의식에게는 그런 확실한 구분조차 무력하게 만드는 재주가 있습니다. 프로이트가 분석한 한 소설에서, 여자라면 치를 떨며 다시는 연애를 하지 않겠다고 다짐한 고고학 교수는 생명이 있는 모든 것을 멀리한 채 죽은 것만 연구합니다. 그런데 하루는 박물관에서 어린 시절의 단짝 친구를 닮은 부조에 마음을 빼앗기게 됩니다. 물론 그는 자신이 작품 앞에서 왜 그런 절실함을 느꼈는지 알지 못합니다. 그리고 어느 순간 생명 없는 부조의 작은 세부를 뚫고 친구의 모습이 나타납니다. 이곳만은 침입하지 못할 것이라는 생각으로 성소에 은신하면, 그 공간이 내가 피해 왔던 그것을 대면하는 만남의 광장으로 탈바꿈합니다.

나는 내 정신이 전혀 관여하지 않은 채 벌어진
어떤 사건이 내 미래에 관한 숨겨진 이야기를
알려 줄 수 있다고는 생각하지 않는다.

『일상생활 속의 정신병리학』

남을 따라가면 쉬운 일들이 있습니다. 어떻게 해야 하는지 고민하기보다 그냥 흘깃 훑어보고 다른 사람들과 비슷하게 하면 됩니다. 그 순간 나는 사라집니다. 내가 관여하지 않은 채 내 주위의 모든 일이 잘 돌아갔으면 좋겠고, 내 세상도 나 없이 잘 굴러갔으면 좋겠습니다. 더 나아가 누가 내 세상이 어떻게 될 것이라고 내게 이야기를 해 줄 수 있으면 좋겠습니다. 누구를 만나 어떻게 될 것이며, 언제 어떻게 어떤 일을 겪을 것인지, 누가 내게 명확하게 알려 줄 수 있었으면 좋겠습니다. 그러나 프로이트는 내가 없는 세상을 동경하지 않습니다. 그것이 편안한 삶이라고 생각하지도 않습니다. 모든 생각과 행동과 말 속에 내가 있어야만 한다는 그의 요구가 부담스럽게 느껴지기도 하지만, 한편으로는 그것이 진정한 용기가 아닐까 생각됩니다.

농담 속에서는 압축의 효과가
명백히 작동하고 있다.

『농담과 무의식의 관계』

압축과 전치는 언어가 작동하는 기본 메커니즘입니다. 신경증이

나 일상생활 속의 실수가 아니라 의식과 무의식의 협업 속에서 한 편의 농담을 만들어 낼 때도 이 장치들을 활용할 수 있습니다. 한 단어를 다른 단어로 바꾸어 무의식적 의도를 드러내거나, 말하고 싶지 않은 대상을 의식에게 무해해 보이는 대상과 하나로 합쳐 새로운 대상을 만들어 내는 것은 농담의 중요한 기법입니다. 농담을 끝까지 듣고 나서야 우리는 비로소 그 농담이 어떤 부분을 지적하고 있는지 깨닫게 됩니다. 그리고 우리가 일상적으로 저지르는 실수를 연상하며 웃음을 터뜨립니다. 실수와 증상이 놀이의 형태로 전달되는 농담에는 파괴력이 있습니다. 농담은 끝내 무의식의 의도를 숨기려 하는 사람들, 자신의 행동을 이해하지 못하는 사람들을 향한 공격입니다.

농담에서 사용되는 전치가
언어 표현과는 무관한 경우도 많다.
이럴 때 전치는 단어가 아니라
사고의 흐름에만 관련된다.

『농담과 무의식의 관계』

프로이트의 농담에 관한 책은 재미가 없습니다. 그 이유는 그가 농담의 메커니즘에 초점을 맞추기 때문입니다. 예를 들어 목욕하다(take a bath)라는 표현을 사용하여 "너 목욕했어?"라고 질문했을 때, 상대방은 'take'를 '가져가다'로 해석하여 "왜? 너희 집 욕

조가 없어졌어?"라고 답할 수 있습니다. 이 농담은 일상의 표현을 무너뜨린 후 연상 속에서 말의 구조 자체를 바꾸어 버립니다. 농담에는 단어도 맥락도 구조도 바꿀 수 있는 힘이 있습니다. 단순히 단어나 표현의 자리를 바꾸는 것을 넘어 아예 생각의 장 전체를 송두리째 뒤바꿔 버리는 농담의 능력은 하나의 답에 매달리는 의식이 배워야 하는 부분입니다. 우리는 농담 속에서 의미가 없는 곳에 의미를 부여할 수도 있고, 존재하지 않는 단어를 만들어 낼 수도 있습니다.

농담은 '아니오'라고 답해야 할 자리에 '예'를 넣기도 한다.

「농담과 무의식의 관계」

프로이트는 농담이 궁극적으로는 권력자에 대한 도전이라고 말합니다. 하나의 답만을 가진 사람에게 저항하는 방식이라는 뜻입니다. 농담은 언제나 연대 속에서만 효력이 발생합니다. 농담이 목표로 삼는 대상은 제일 마지막에 그것이 자기 이야기였다는 것을 알게 되는데, 그 장소에는 반드시 두 명 이상이 함께 있어야만 합니다. 말하는 사람과 그것에 반응하는 사람, 그리고 그 농담의 목표물이 되는 사람이 있을 때 농담이 완성됩니다. 내 소원과 무관하게 모든 명령에 복종해야 하는 자리에서 농담은 '아니오'라고 말할 수 있는 가능성을 열어 줍니다. 물론 그 반대의 경우도 가능합니다. 도저히 가능하지 않다고 판단되는 사안에 대해 농담은 긍정적으로 답할 수 있는 기괴한 가능성을 제시합니다.

어떤 농담들은 사람이나 조직이 아니라 우리 지식의 명확성 자체를 공격한다.

『농담과 무의식의 관계』

의식은 불명확한 것, 모호한 것, 애매한 것, 답이 없는 상황을 두려워합니다. 그래서 거짓말을 해서라도 불명확한 것은 명확하게 만들고 모호한 것은 확실하게 만들며, 애매한 것은 단정적인 것으로 뒤바꾸고 답이 없는 상황에서도 하나의 답에 매달립니다. 그러나 농담은 그 모호함을 견딜 수 있는 힘을 가지고 있습니다. 농담은 경직된 사고와 부동의 정답과 영원한 권력에 저항하며 우리를 짓누르는 지식과 그 명확성을 공격합니다. 내가 뭘 몰라서 불편한 것이고, 정답을 알지 못하기 때문에 답답한 것이라는 불평 앞에서 농담은 답을 가진 사람은 없다고 조언합니다. 이와 함께 답이라는 것 자체가 늘 바뀌고 있다는 사실도 보여 줍니다. 그럴 필요가 없다는 농담의 조언을 들으면 목에 힘이 빠지며 굳어 있던 근육이 풀어집니다.

어떤 농담의 경우,
새로운 것을 기대했던 곳에서
친숙한 것을 재발견한다.

『농담과 무의식의 관계』

농담이 가장 새로운 것인 듯 소개한 대상이 우리에게 매우 잘 알려진 친숙한 대상으로 드러나는 경우들이 있습니다. 낯선 것처럼 보였는데 나중에 알고 보니 아주 오랜 시간 동안 우리와 늘 함께했던 대상이었음을 알게 될 때, 우리는 기괴함을 느끼게 됩니다. 프로이트는 친숙한 것의 재발견이 바로 치유의 방법이라고 설명합니다. 늘 알고 있었다는 것을 깨닫게 되면 삶이 달라집니다. 과거가 이해되고, 새로운 선택이 가능해집니다. 괴로운 반복을 재생하고 있는 경우, 가장 친숙한 것을 지적하는 농담 속 인물의 이야기가 도움이 될 수 있습니다. 농담은 완전히 새로운 것을 창조하지 않습니다. 우리 삶 속에서 반복되어 온 문제들, 억압되어 있던 것의 귀환에 집중하여 이야기를 만들어 내면서도 이야기의 결을 완전히 바꾸어 버립니다.

정신분석은 동성애자가 일반적인 사람들과 구분되는
특별한 성향을 가진 사람들이라는 의견에 반대한다.
모든 인간은 동성을 사랑의 대상으로 선택할 수 있다.

『성이론에 대한 세 편의 논문』

프로이트는 우리가 다른 사람에 대해 으레 양가감정을 느낀다고 설명합니다. 우리는 그 사람을 사랑하기도 하고 미워하기도 합니다. 여기서 양가감정의 강도는 그 사람과 얼마나 가까운 관계인가에 의해 결정됩니다. 프로이트가 이와 관련하여 이론을 발전시키거나 동성애에 관련된 본격적인 이론 논문을 쓰지는 않았지만, 동성을 사랑의 대상으로 선택하는 것이 부자연스러운 일이 아니라는 그의 말은 주목할 필요가 있습니다. 이것은 모든 가치판단에 저항하며 오직 과학을 전제로 진실을 추구하려는 그의 태도에서 비롯된 생각입니다. 하나의 답은 절대로 한 사람을 온전히 정의할 수 없다는 그의 생각과, 현실을 하나의 답으로 판단하는 독단에 이의를 제기해야 한다는 그의 주장은 현재에도 도움이 됩니다.

대상을 찾았다고 말할 때, 그것은 예전의 대상을 다시 찾았다는 뜻이다.

『성이론에 대한 세 편의 논문』

우리 눈에 들어오는 세상 속 대상들은 그 자체의 매력 때문에 선택된 것이 아닙니다. 다른 것보다 멋지기 때문에, 더 아름답기 때문에 우리 눈에 띈 게 아닙니다. 그보다는 그 대상들이 우리 마음속 표상들과 어떤 관계를 맺고 있기에 유독 그 대상이 두드러져 보였던 것입니다. 그 대상을 찾은 게 아니라 언젠가 잃어버린 한 조각을 다시 찾게 되었다고 설명하는 것이 더욱 적절합니다. 나는 왜 특히 이 과일을 좋아하는지, 나는 왜 바다를 좋아하는지 생각해 보면, 어머니가 사다 주시던 과일, 좋은 기억이 어려 있는 장소가 떠오릅니다. 어떤 대상이 내 마음을 기쁨으로 가득 채운다면, 그 대상은 우리 마음속에 이미 각인되어 있는 표상일 확률이 높습니다. 그 표상들과 관련된 세상의 세부는 다른 부분들보다 훨씬 선명하게 보입니다.

어떤 생각이 나타나기 위한 전제조건은 주의집중에 의해 관련 표상들이 에너지를 부여받는 것이다.

『과학적 심리학 프로젝트』

내가 시선을 주지 않는다면, 그 부분들은 이 세상에 존재하지 않는 셈입니다. 내가 보고 있지 않기 때문에 세상의 그 부분은 나와 접속할 수 없습니다. 모든 것은 내가 주의를 집중할 때 시작됩니다. 프로이트의 이론은 구식이라는 일반적인 생각, 자아, 이드, 초자아가 주요 이론이라는 개론서의 설명과는 달리, 프로이트가 제일 자주 반복하는 개념들은 소원과 주의집중입니다. 프로이트는 한 사람이 어디에 주의를 집중하는지 그 양상을 관찰하면 그 사람의 소원을 알 수 있으며, 주의를 집중하는 순간 방향성이 생기고, 주의를 집중할 때 비로소 무의식과 의식이 만나게 된다고 말합니다. 주의집중은 내가 없이 어떤 일이 해결되기를 바라는 마음이나 누군가가 나 대신 내 일을 대신 해결해 주길 바라는 마음으로는 실행할 수 없는 결심입니다.

표상은 전치되지만 감정은 바뀌지 않는다.

『꿈의 해석』

감정은 거짓말을 하지 않습니다. 내가 어떤 감정을 느낀다면, 그 감정이 진실입니다. 그렇게 느낄 필요가 없다는 위로는 도움이 되지 않습니다. 감정은 문제가 해결될 때까지 변함없이 늘 그곳에 같은 무게로 존재합니다. 여기서 변하는 건 감정이 부착되어 있던 표상입니다. 표상은 감정과 분리되어 다른 표상으로 대체될 수 있습니다. 어떤 표상을 만났는데 내가 느닷없이 화를 내고 있다면, 그것은 지금 감정이 원래의 표상과 분리되어 엉뚱한 표상과 결합해 있기 때문입니다. 정작 화를 내야 하는 사람 앞에서는 아무 느낌이 없고, 그 사람의 자리에 배치된 다른 사람에게 울분을 토하듯 소리를 지르고 있는 경우, 원래의 표상을 찾아 감정을 되돌려주어야 합니다. 기억이 감정과 분리되어 있다면, 그 기억은 내게 아무 도움이 되지 않습니다.

감정이 표상에 연결되어 있지 않다면
우리는 그 감정을 이해할 수 없다.

『꿈의 해석』

가족 구성원 중 폭력적으로 분노를 표출하는 사람이 있는 경우, 가족들은 행복할 수 없습니다. 그 사람이 그 정도로 화를 낼 때는 분명히 확실한 이유가 있을 텐데, 도무지 상식적으로 이해가 되질 않습니다. 소통을 하려 해도 그 부분에 관련해서는 마치 처음 본 낯선 사람인 듯 이야기를 나눌 수 없습니다. 그 자신도 그런 폭력적 분노가 어디서 왔는지, 왜 그렇게 발작처럼 반응하게 되는지 스스로에게 질문하지 않습니다. 감정이 표상으로부터 분리되어 있기 때문입니다. 그 사람은 화낼 기회를 놓치고 제대로 분노를 표현하지 못한 한 사람에게 평생 화를 내고 있는 것일 수도 있고, 과거의 외상과 관련하여 온 세상을 적대시하며 소리를 지르고 있는 것일 수도 있습니다. 길 잃은 감정이 집을 찾지 못하면 이야기는 비극으로 끝나게 됩니다.

행동이 억제되는 한,
기억은 감정에 사로잡혀 있게 된다.

『히스테리 연구』

감정과 원래의 표상이 만난 이후에도 우리에게는 아직 할 일이 남아 있습니다. 아침에 눈을 뜨자마자 분노에 사로잡히는 경우가 있습니다. 하루 종일 화를 내고, 다음 날 아침에 다시 나를 분노하게 만드는 그 사람들을 떠올립니다. 시간이 지나도 분노의 강도는 약해지지 않고 점점 더 나를 갉아먹는 것만 같습니다. 그냥 잊어버리자고 생각해도, 내 의지와 달리 계속 생각이 나고 동일한 분노가 잇따라 나를 방문합니다. 프로이트는 그것에 대해 무엇인가를 하지 않는 한 감정의 강도는 약해지지 않는다고 말합니다. 여기서 행동은 말로 대체될 수 있습니다. 그것에 대해 말하는 행위 자체가 시멘트처럼 딱딱하게 달라붙은 표상과 감정을 조금 떼어 놓을 수 있게 됩니다. 그 틈새에 새로운 의미가 스며들면, 내가 할 수 있는 일들이 떠오를 것입니다.

표상과 연상은 분리될 수 없다.

『실어증에 대하여: 비판적 연구』

중심 기억이 표상들로 해체되고 각 표상이 억압되면, 기억은 의식으로부터 추방될 수 있습니다. 그러나 표상이 의식에 떠오를 때 이어지는 연상을 막아 낼 방법은 없습니다. 하나의 표상에서 시작된 연상에는 집단적으로 공유되는 내용이 포함되기도 합니다. 한 문화권에서 익숙한 연상과 상징 역시 여기에 속하는 내용입니다. 물론 연상은 지극히 개별적인 생각의 흐름을 의미합니다. 자유연상이라는 정신분석의 방법론은 바로 이와 같은 표상과 연상의 관계를 이용한 치료법입니다. 어떤 표상에서 시작해도, 결국 이야기는 나의 내밀한 생각으로 이어집니다. 하나의 연상에서 내 삶과 전혀 관계없는 연상으로 건너뛰는 것은 가능하지 않습니다. 연상은 그 표상과 관련하여 내가 생각한 것, 내가 느낀 것, 내가 경험한 것을 바탕으로 전개됩니다.

사물표상은 오직 청각상을 통해서만 단어표상과 연결된다.

『실어증에 대하여: 비판적 연구』

의식은 단어, 표현, 문장, 말로 구성됩니다. 그것을 단어표상이라고 부릅니다. 그러나 무의식에는 단어가 들어 있지 않습니다. 무의식 속에는 언젠가 느꼈던 감촉, 나를 부르는 목소리, 그 순간 펼쳐졌던 풍경들을 작게 조각낸 세부가 들어 있습니다. 바닷가에서의 풍경이라면 물, 얼굴, 미소, 색깔, 음식, 교통수단 등의 관련 표상들이 각인되어 있을 것입니다. 프로이트는 이 경험의 조각들을 사물표상이라고 부릅니다. 청각, 촉각, 시각 등 다양한 감각을 통해 기입된 표상들은 오직 그 표상의 소리를 통해서만 의식의 단어로 이어집니다. 예를 들어 바다라는 시각적 표상은 '바다'라는 한 덩어리의 소리로 의식에 전달됩니다. 무의식의 '바다'는 사물표상이며, 의식의 '바다'는 단어표상인데, 이를 연결시키는 게 바로 심리적 이미지인 청각상입니다.

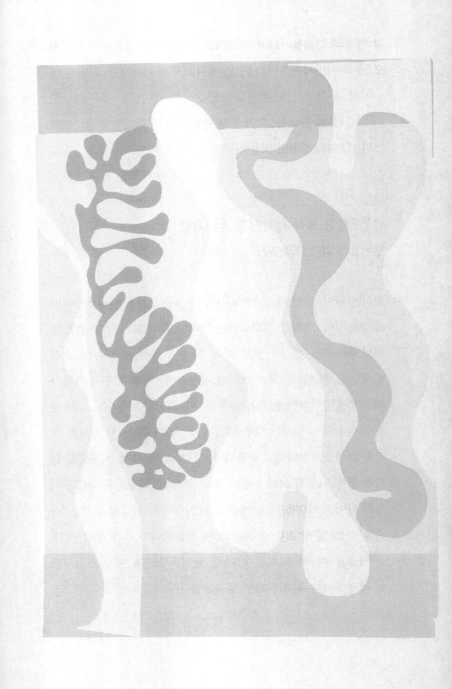

감정은 무의식적이라고 말할 수 없다.
오직 표상만이 억압될 수 있다.

「무의식」

우리는 꽤 자주 억압이라는 표현을 사용합니다. 감정을 억압하고 이야기를 억압하고 충동을 억압한다고 말하기도 합니다. 그러나 감정은 억압될 수 없습니다. 감정에 붙어 있던 표상이 감정과 분리된 후 억압되는 것입니다. 대체된 표상에 부착된 감정은 이제 맥락과 이야기를 상실한 상태로 길을 잃게 됩니다. 눌려 있던 표상이 의식으로 부상할 때 연상이 시작되고, 자유로운 연상 작업 속에서 핵심 표상의 의미가 드러나는 순간 그동안 분리되었던 감정을 되찾게 됩니다. 그렇게 감정에 옳은 길을 찾아주면, 이유 없이 발작처럼 쏟아져 나오던 감정이 순화됩니다. 그리고 이야기 속에서 다른 표상에 에너지를 나누어 줄 수 있게 됩니다. 이 모든 것은 의식이 길을 잃고 헤매는 감정과 버려진 표상에 주의를 기울일 때 가능해지는 일들입니다.

연상으로부터 잘려져 나간 감정은
길을 잘못 들어서게 되며,
쉽게 몸의 증상으로 되돌아온다.

「히스테리 연구」

아무도 위로해 주지 않고 어떤 사과도 받지 못한 채 혼자 감정을 다스린다는 것은 불가능한 일입니다. 그 일이 내 마음의 문제만이 아니었기 때문입니다. 구조적인 관계의 문제를 내 마음만으로 풀어낼 수는 없습니다. 그런데 내가 잘못한 게 아니라는 확신속에서 내 감정을 존중하는 것 역시 쉬운 일이 아닙니다. 그러기보다 나만 참으면 된다고 생각하거나 잊기 위해 억지로 노력한다면, 그때 또 다른 문제가 시작됩니다. 아무 일도 아니라는 거짓말에 의해 자연스러운 연상이 문제의 사건에 맞닿지 못하게 되면, 우리의 결정에 의해 연상의 길이 왜곡됩니다. 도려져 나간 감정은 엉뚱한 길로 들어서게 되고, 막다른 골목에 이르러 몸의 증상으로 폭발합니다. 이것은 버림받은 감정이 우리에게 복수하는 한 방법입니다.

우리가 지각하는 감정적인 부분들은
원래 결합되었던 대리자가 억압되어 있는 경우
강제적으로 다른 표상과 연결되므로
그 의미가 잘못 이해될 수 있다.

「무의식」

표상은 감정의 대리자입니다. 감정은 스스로 자신의 뜻을 전달할 수 없습니다. 감정이 우리와 소통하는 유일한 방법은 자신을 대변할 대리자와 결합하는 것입니다. 그런데 우리가 대리자를 무의식의 영역 속에 감금해 버리면, 감정이 의식 속에 있다고 하더라도 그것은 의미를 박탈당한 채 고립됩니다. 물론 감정도 가만히 있지만은 않습니다. 감정은 대리자를 닮은 표상을 찾아 아무 사연이 없는 표상에 억지로 달라붙어 자신을 대변하게 만들 수 있습니다. 원래 표상의 인접 표상이라고는 하지만, 감정의 이야기를 알지 못하는 대리자는 느닷없는 슬픔과 영문 모를 분노에 적절하게 대응할 수 없습니다. 그래서 이러한 결합으로부터 비롯되는 대리자의 이야기들은 늘 오해를 불러일으키게 됩니다.

투사는 내부에서 억제된 것이
외부로 밀려나는 과정이 아니다.
그것은 내부에서 추방한 것이
외부로부터 다시 돌아오는 과정이다.

「편집증 사례의 자전적 기록에 대한 주석」

우리는 투사한다는 말을 자주 사용하는데, 투사는 일반적으로 내가 가진 무엇인가를 밖으로 내보내는 과정으로 이해됩니다. 내가 가진 것을 다른 사람에게 전가하는 과정이라고도 설명되는데, 이 말은 내가 모든 것의 중심에서 이 프로젝트를 주도하고 있는 것처럼 들립니다. 그러나 프로이트의 설명은 조금 다릅니다. 그는 무의식적 과정 자체를 강조하며, 투사란 내가 가지고 있던 것이 돌연히 외부에서 나타나는 과정이라고 설명합니다. 뭔가를 억지로 밀어내는 단계는 전체 과정의 일부분입니다. 일단 밀어

내면, 내부에서 추방한 것은 마치 부메랑처럼 외부로부터 나 자신을 향해 되돌아옵니다. 그 생각을 하지 않으려고 쫓아냈는데, 바로 그 특성이 내 눈앞에 나타나 나를 공격하는 것입니다.

정신분석은 전치되었던 표상이 원래의 감정과 이어질 수 있게 돕는다.

『꿈의 해석』

분석의 목표는 우리 각자가 소원의 길을 걷게 되는 것입니다. 프로이트는 진실이라는 단어도 자주 사용하는데, 무의식의 진실이란 내면의 소원을 가리킵니다. 그런데 감정과 표상이 분리되어 있다면, 싫은 사람을 가까이하고 좋은 사람은 멀리하며, 싫은 일을 하고 좋은 일을 하지 못하는 삶을 살게 됩니다. 기쁠 때 기뻐하고 슬플 때 울고 화가 날 때 분노하는 이 당연한 일들이 모두 왜곡되어 있는 상태에서는 내 마음의 진실을 찾을 수 없습니다. 정신분석은 도대체 왜 이상한 대리자가 특정 감정을 대변하게 되었는지, 그 감정의 진실은 무엇인지에 대해 질문합니다. 그리고 감정이 잃어버린 표상을 만나도록 돕습니다. 원래의 표상을 마주하게 되는 순간, 우리는 바로 그것이 진실이었음을 깨닫게 됩니다.

다음 회를 기약하며 끝나는 신문 연재 소설처럼,
분석에서도 어떤 주제가 언급된 후
충분히 이야기되지 못하거나
증상이 일시적으로 부각되었으나
설명되지 못하는 경우가 있다.
그럴 때 그 이야기는 환자의 마음속에서 지속되며,
아예 그것이 언급되지 않았을 때보다
더욱 큰 괴로움을 유발한다.

『히스테리 연구』

한 번에 모든 이야기를 다 시원하게 털어 버리고 치유되는 일은
거의 일어나지 않습니다. 이야기가 구성되어 가는 고통의 시간
없이는 무의식의 진실에 이를 수 없기 때문입니다. 표상 하나에
의해 이야기가 시작되고 연상이 움직여 나갈 때, 그 과정은 깨질
것 같은 살얼음판을 걷는 듯 조심스럽습니다. 어떤 연상이 기다
리고 있을지 모르고, 내 몸과 마음이 어떻게 반응할지 알 수 없기
때문입니다. 그래서 연상을 이어 나가는 과정은 시간을 필요로
합니다. 그 시간 동안 이야기가 마음속에서 스스로 움직이며 자
연스럽게 다음 연상을 올려 보내 줍니다. 그러나 마음이 급한 경
우, 우리는 다시 잘못된 표상으로 연상을 차단하고 안전한 의식
속으로 도망칩니다. 이때 제일 중요한 것은 연상 속에서 떠오르
는 다음 표상을 용기 있게 마주하겠다는 결단입니다.

언어는 행동을 대체할 수 있다.
그러나 행동으로도 말로도 반응하지 못했으며,
심지어 약간의 흐느낌조차 허락되지 않았다면,
그 일과 관련된 미세한 세부에서조차
당시의 모든 감정을 다시 느끼게 된다.

『히스테리 연구』

울고 싶을 때 울지 말라며 누군가를 위협하거나 그의 소원이 아닌 대상을 좋아하라고 다그치면, 그 사람의 마음은 엉망진창이 되어 버립니다. 그는 이제 피해야 할 때 몸이 마비된 듯 걸음을 멈추고, 적극적으로 다가가야 할 때 도망칠 것입니다. 슬플 땐 울어야 합니다. 울지 못한다면, 내가 얼마나 슬픈지, 어떻게 슬픈지, 얼마나 괴로운지 말이라도 할 수 있어야 합니다. 심지어 약간의 흐느낌조차 허락되지 않는 상황이라면, 그는 평생 그 일과 관련된 모든 표상 앞에서 견딜 수 없는 슬픔을 느끼게 됩니다. 문제는 세상의 모든 것이 그 일과 관련된 표상이 된다는 사실입니다. 내가 바라보는 모든 것이 이유 없이 통곡하고 있습니다. 그렇게 되면 나는 제대로 삶의 기쁨을 느낄 수도, 내 인생을 살아갈 수도 없게 됩니다.

한 번에 단 하나의 기억만이
의식의 좁은 길을 통과해
자아—의식에 이를 수 있다.

『히스테리 연구』

우리는 늘 마음이 조급합니다. 빨리 말하고, 빨리 처리하고, 모든 걸 가능한 한 빨리 끝내고 싶어 합니다. 그러나 생각은 그렇게 마음처럼 한 번에 정리되지 않습니다. 의식의 길은 매우 좁아서, 한 번에 하나의 표상만이 그 좁은 길을 비집고 지나갈 수 있습니다. 우리는 표상을 생각 또는 기억이라고 표현할 수도 있는데, 생각이 두 개라면 길이 막혀 버립니다. 하나의 표상이 의식에 전달된 후에야, 그 표상과 관련하여 연상되는 다른 표상이 여정을 시작할 수 있습니다. 하나의 표상과 그다음 표상 사이의 거리에서 분석이 일어난다고 해도 될 듯합니다. 표상이 하나씩 추가되면 '나'를 정의하는 자아가 조금씩 바뀌기 시작합니다. 진실된 표상들이 쌓여 가면 자아는 더 나다워지고, 내 소원의 길에 꼭 필요한 표상들을 불러낼 수 있게 됩니다.

환자들이 과거를 떠나지 못할 때,
그들은 실제로 눈앞에 있는 것들을 무시하게 된다.

『정신분석에 관한 다섯 번의 강의』

과거로부터 표상을 길어 올리는 이유는 현재를 더욱 빛나게 만들기 위해서입니다. 그런데 의식의 좁은 길로 올라오는 표상들이 모두 과거의 사주를 받고 있는 경우도 있습니다. 의식이 주의를 집중하는 시간이 과거이기 때문에 일어나는 일입니다. 과거에 침잠되어 있는 의식은 현재를 볼 수 없습니다. 현재를 과거로 가득 채우기 위해 과거의 조각들을 하나씩 꺼낼 뿐입니다. 그렇게 현재가 과거로 채워지면, 내 앞에 있는 사람은 보이지 않고 그사람의 말도 들리지 않습니다. 나와 내 과거와 내 눈앞에는 존재하지 않는 과거의 인물이 있을 뿐입니다. 당연히 현재의 삶과 관계는 더 망가지게 되고, 빛나는 과거가 그만큼 더 아름다워 보이게 됩니다. 의식이 정신을 차리지 않으면, 이 악순환은 현재의 삶전체가 파괴될 때까지 지속됩니다.

**전이는 환자와 의사 사이에서뿐만 아니라
모든 인간관계에서 자연스럽게 발생한다.**

『정신분석에 관한 다섯 번의 강의』

과거는 끊임없이 현재를 위협합니다. 처음 만난 사람에게 예전에 알던 사람의 모습을 덮어씌우고, 상사를 아버지의 모습으로 변신시킵니다. 모두 내 무의식이 하는 일들입니다. 정신분석에서 전이는 일반적으로 환자가 어느 순간에 분석가에게서 자신이 과거에 만난 한 사람을 보게 되는 과정인데, 그 대상이 시시각각 변하므로 결국 분석가는 환자가 알았던 모든 사람을 대표합니다. 즉 분석가는 어머니이자 아버지이자 형제이자 연인이자 스승이자 가해자가 됩니다. 그래서 분석가와 부적절한 관계를 가지는 것은 윤리적이지 않습니다. 분석가가 전이 속에서 부모의 자리에 존재할 수 있는 사람이기 때문입니다. 프로이트는 전이를 일상의 영역으로 확장하여, 내 앞에 있는 사람은 언제나 내가 과거에 만난 사람이 될 수 있다고 말합니다.

억압된 모든 것은 무의식의 일부가 되지만, 무의식적인 모든 것이 억압된 것은 아니다.

『자아와 이드』

억압을 통해 밖으로 밀어낸 표상들은 무의식의 영역에 각인됩니다. 그러나 억압된 표상은 무의식을 구성하는 내용의 일부에 지나지 않습니다. 그 외에도 무의식 속에는 우리가 경험한 모든 것이 촉각, 시각, 청각 등의 사물표상으로 각인되어 있습니다. 무의식을 문이 닫힌 방, 또는 금지구역으로 묘사하는 경우가 있는데, 사실 그런 영역은 무의식의 일부일 뿐입니다. 무의식에는 내 부모보다 나를 더 사랑해 준 사람, 나를 살게 만든 사람, 언젠가 내가 몰두했던 일들이 모두 들어 있습니다. 우리는 무의식을 조금 더 편안한 세상으로 이해할 필요가 있습니다. 무의식이라는 영역을 이용할 때, 우리는 망각과 싸우며 시간을 극복할 수 있습니다. 나보다 더 큰 내가 존재하는 곳, 내 소원이 깃든 대상들이 가득한 곳, 그 장소가 무의식입니다.

엄청난 일들은 사소한 조짐을 통해 스스로를 드러낸다.

『정신분석학 입문 강의』

여유를 가지고 잠깐 숨돌릴 시간을 확보하는 것은 쉬운 일이 아닙니다. 몇 년씩 통증을 참고 살기도 하고, 반나절이면 할 수 있는 일들을 미루고 또 미루다 문제가 터질 때까지 방치하기도 합니다. 그런데 가만히 생각해 보면, 나는 그런 일이 일어나리라는 사실을 이미 알고 있었습니다. 스치는 생각에 시간을 들여 그 의미를 분석하기보다는 곪을 대로 곪아 터지는 일들을 수습하며 살기로 작정하는 경우도 많습니다. 잠시도 멈추지 않으니 엔진은 과열되고, 끝내 몸과 마음의 문제들은 수습할 수 없는 대형 사고로 이어집니다. 시간을 되돌려 미래를 바꾸는 영화에서 주인공은 첫 번째 조짐이 나타난 순간으로 이동합니다. 그리고 삶의 이야기를 다시 써 내려갑니다. 사소한 표상들에 주의를 기울이면, 우리는 타임머신 없이도 미래를 바꿀 수 있습니다.

도덕적 요인이나 죄책감은 병 속에서 만족을 느끼며,

벌과 고통을 포기하려 하지 않는다.

『자아와 이드』

내가 나 자신의 아군인가, 아니면 적군인가를 관찰하면, 내가 건강한 마음을 가지고 있는지, 아니면 병든 마음이 나를 사로잡고 있는지 알 수 있습니다. 누구도 충족시킬 수 없는 지나친 도덕적 기준과 모든 일의 원인을 자신에게 돌리는 죄책감은 가학적인 적군들입니다. 이 적들은 내가 병에 걸리면 만족하고, 내가 고통받을 때 더 심하게 체벌을 가합니다. 괴로움이 커지면 커질수록 적은 더 큰 만족감을 느끼기에 이 괴롭힘은 쉽게 끝나지 않습니다. 내 삶뿐만 아니라 나를 사랑하는 모든 사람의 삶이 함께 병리적 도덕감과 죄책감의 먹이가 되는 경우도 많습니다. 내가 나 자신의 아군이라는 말은 자기애나 자기변명을 뜻하지는 않습니다. 내가 따뜻한 어른으로서 잘못을 저지른 내게 적절한 조언을 할 수 있는 사람이라는 뜻입니다.

우리는 소리가 끼치는 영향,
형태가 유사한 단어들,
단어가 촉발시키는 유사한 연상들이
매우 중요하다는 점을 기억해야 한다.

『정신분석학 입문 강의』

'단어' 대신 '표상'이라는 개념을 사용하는 이유는 소리의 형태를 강조하기 위해서이기도 합니다. 의미로는 이어지지 않지만 형태로 인해 인접 표상으로 선택되는 경우가 많기 때문입니다. 망각했던 단어나 고유명사를 기억해 내려 애쓸 때도 소리가 비슷한 이름을 떠올리게 됩니다. 이야기 속 문장들 또는 꿈의 서사를 분석할 때, 표면적으로 제시된 문장의 뜻만으로는 그 사람의 마음속 이야기를 분석할 수 없습니다. 언제나 이 문장들 속 소리의 흐름을 지켜봐야 합니다. 우선 연상을 통해 모양과 형태가 유사한 단어들을 나열하며 선형 문장이 가진 소리의 층위를 분석한 후, 시간 속에서 연상을 이어 가며 입체적인 구조를 만들 수 있습니다. 이 과정에서 표상의 소리가 이어지며 가장 중요한 표상이 드러납니다.

자아는
특정 시간에 활성화된 뉴런들의 총체로
정의될 수 있다.

『과학적 심리학 프로젝트』

강한 자아를 가지고 있으면 어떤 어려움 속에서도 모든 일을 지혜롭게 잘 해결할 것 같습니다. 자아는 흔들리지 않는 편안한 마음 그 자체이며, 아무리 감정이 날뛰어도 모든 것을 잘 수습할 수 있는 성숙함을 뜻하는 듯합니다. 그런데 프로이트는 자아가 순간적인 것이라고 말합니다. 특정 순간 내가 하는 생각이 바로 자아라는 말인데, 그는 이를 과학적인 방식으로 설명합니다. 특정 순간에 우리의 상황에 따라 일련의 뉴런들이 활성화되며, 그 총체가 하나의 의미를 만들어 내고, 바로 이렇게 생성된 순간적 판단이 자아라는 것입니다. 다음 순간에 새로운 정보를 얻게 되거나 새로운 사람을 만나 새로운 경험을 하게 되면, 또 하나의 새로운 자아가 형성됩니다. 이와 같이 자아란 매 순간 변화하는 의미의 총체를 뜻하는 개념입니다.

자아는 습관적으로 꿈을 잘못 해석한다.

「플리스에게 보낸 편지 발췌문」

자아는 현재의 순간들을 어떻게든 수습하려고 노력합니다. 그래서 자주 거짓말을 하는데, 꿈분석에서도 이런 자아의 습성이 나타납니다. 생각해 봐야 하는 문제가 나타나면 개꿈이라고 판단하고, 보고 싶은 사람이 나오면 이미 다 잊어서 기억도 안 난다고 우기며, 내가 과거의 잘못을 사과해야 하는 사람이 보이면 내가 미안할 건 없다며 외면합니다. 꿈은 몸도 마음도 힘들다는 이야기를 하는데, 자아는 조금만 더 버티면 된다고 나를 몰아붙입니다. 자아가 늘 순간에만 충실한 조직이기 때문입니다. 자아는 그 순간이 망가질 때 고통을 느끼게 되기 때문에 가능한 한 아무 문제 없이 현재가 흘러가길 바랍니다. 하나의 완결된 이야기와 온전한 이미지가 가장 중요한 자아에게 미결과 미완은 견딜 수 없는 상태입니다.

자아의 역할 중 하나는
어떤 강렬한 감정도 분출되지 못하게
만드는 것이다.

『과학적 심리학 프로젝트』

자아는 시시한 어른처럼 행동합니다. 거짓말하고, 가려 덮고, 눈치 보며 다 무난하게 넘기려 노력합니다. 자아는 너무 좋은 것도, 너무 싫은 것도 다 무서워합니다. 그보다는 모든 게 가능한 한 밋밋하게 별일 없이 지나가는 걸 선호합니다. 자아는 그런 무난함을 바라기만 하는 게 아니라 그렇게 만들기 위해 모든 것을 동원하는데, 이 과정에서 자아는 큰 실수를 저지르게 됩니다. 바로 진실의 적이 되는 것입니다. 자아에게 무엇이 진실인가는 중요하지 않습니다. 감정은 우리를 속이지 않습니다. 온 마음을 바쳐 하는 일 앞에서는 우리의 가슴이 벅차오릅니다. 그러나 자아는 그런 감정을 두려워합니다. 감정이 분출되지 못하게 나를 설득하기도 합니다. 가식 가득한 자아의 모습에 진실이 가려지면 나 자신을 잃게 됩니다.

생각을 분리시킨 원인은 자아의 의지가 아니다.
그보다 그것은 자아의 무지에 의해 초래된 결과다.

『히스테리 연구』

문제 되는 표상이 추방될 때, 이 상황은 마치 자아가 의지를 가지고 수행하는 작업처럼 보입니다. 그러나 프로이트는 중요한 표상을 내쫓는 자아의 행동은 무지에 의해 초래된 실수라고 설명합니다. 이렇게 하는 게 낫다며 똑똑한 척하는데, 나중에 그가 사실 아무것도 모르는 사람이었다는 걸 알게 되는 경험이 있습니다. 자아가 바로 그런 바보 같은 조직입니다. 자아의 문제는 자신이 알지 못한다는 사실 자체를 가려 덮고 스스로 잘 알고 있는 사람인 척한다는 것입니다. 마치 일부러 그렇게 했다는 듯 서사를 만들기도 하는데, 그것은 급조한 자구책입니다. 그런 조직이 표상들을 골라내면 당연히 내 마음은 진실에서 더욱 멀어집니다. 우리가 자아와 소통하려는 노력을 하지 않는다면, 자아는 그 무지로 내 삶을 가려 덮습니다.

자아가 회피하려 할 때 방출되는 힘은
문제가 되는 표상들을 연상으로부터 추방하며,
이후에는 추방된 표상이
기억으로 돌아오는 길을 봉쇄한다.

『히스테리 연구』

자아는 두 가지 작업을 동시에 수행해야 합니다. 하나는 표상을 밀어내는 것이고, 다른 하나는 표상이 다시 의식으로 복귀할 수 있는 길을 봉쇄하는 것입니다. 중요한 표상이 사라진 의식에서는 원래의 문맥이 무엇인지 알기 위해 다양한 시도를 하게 되지만, 자아의 힘이 강한 상태에서 본래의 뜻을 간파하는 것은 가능하지 않습니다. 맥락을 바꾸는 엉뚱한 표상이 그 자리를 점령하고 있거나 산만한 표상들이 부유하며 잠시 그 자리를 채우다 사라지면, 당연히 자연스러운 연상이 방해되고 기억해야 하는 이야기는 망각됩니다. 그러나 자아의 힘과 표상의 힘이 겨룰 때 만약 내가 한쪽의 편을 들어주게 되면, 그쪽이 더 유리해집니다. 결국 모든 것은 망각할 것인가 기억할 것인가에 대한 내 결론에 달려 있습니다.

자아는 자기 집에서조차 주인이 아니다.

「정신분석의 난제」

자아는 자신이 내 삶의 주인인 것처럼 행동합니다. 내 귀한 표상들을 내쫓고, 손님이 찾아오면 돌려보내며, 모르는 걸 안다고 말하거나 아는 걸 모른다고 말하게 합니다. 그러나 내가 정신을 차리면 자아는 더 이상 주인 행세를 할 수 없게 됩니다. 사실 이곳은 내 집이었고, 나를 찾아온 사람은 내게 중요한 손님이었다는 사실을 깨달아야 합니다. 자신이 '나'라고 주장해도, 만약 내 손님을 박대한다면 자아 자체가 불청객입니다. 내가 결정했다는 것을 알게 되면 자아는 더 이상 예전 같은 힘을 발휘할 수 없게 되며, 한순간 머릿속에 이는 생각을 만들어 내는 역할로 자아의 일이 축소됩니다. 이제야 비로소 나는 자아의 도움을 받아 내 몸과 마음이 어떻게 느끼는지 관찰하며 삶의 변화무쌍한 이야기들을 따라갈 수 있게 됩니다.

자아는 그저 지각 조직에 의해 변형된 이드의 한 부분일 뿐이다.

「자아와 이드」

이드는 리비도의 저장고로서 에너지가 움직이는 대로 반응합니다. 유아적이고 일차원적인 이드가 세상을 만나게 되었을 때, 외부 자극은 이드를 움츠러들게 만들고 불편함을 느끼게 합니다. 이드가 외부 세계와 만나는 지점은 자아라는 조직으로 변형되는데, 자아를 조직이라고 부르는 이유는 무질서한 이드가 세상과 만나 조직화되는 부분이 자아이기 때문입니다. 나 이외의 것들과 접촉하여 외부 자극에 맞추어 나가기 위해 변형된 이드의 한 부분이 자아가 되는 것입니다. 프로이트는 자아란 그저 이드의 한 부분일 뿐이라는 말로 자아를 폄하하기도 하는데, 이는 자아의 역할을 강조하지 않기 위해서입니다. 사실 프로이트는 초자아도, 자아도, 이드도 강조하지 않습니다. 하나를 강조하면 문제가 발생한다고 생각했기 때문입니다.

자아 역시 무의식적이다.

『자아와 이드』

자아는 주인이 아닙니다. 내가 주인이고 내가 자아의 무지를 선택한 것입니다. 자아 스스로 힘을 내는 게 아니라, 내가 자아에게 표상을 내쫓고 귀환을 막는 역할을 부여했다는 뜻입니다. 자아는 자기가 무질서한 생각을 잘 조직화하는 중이라고 믿습니다. 그러나 사실 자아는 그저 내가 시킨 일을 하고 있을 뿐입니다. 즉 자아의 행동은 무의식적인 것입니다. 의식적으로 이 표상을 추방해야겠다는 결심을 하는 게 아니라, 회피하고자 하는 내 의도에 의해 자아가 조종당하고 있는 상황입니다. 자아는 무슨 일이 일어나고 있는지 알지 못한 채 불편한 표상을 억압합니다. 내쫓는 행위 자체는 의식적입니다. 그러나 그것에는 계획도 없고 맥락도 없습니다. 그저 내 무의식적 의도에 의해 자아가 휘둘리고 있는 상황입니다.

자아의 경험은 유전과는 무관한 것처럼 보이지만,
만약 많은 사람에게서 수 세대 동안 그 경험이

매우 자주 강렬하게 반복되면,
그것은 이드의 경험으로 바뀐다.
이드의 경험은 유전될 수 있다.

「자아와 이드」

이드는 몸과 가장 가까운 마음을 뜻합니다. 아마도 그래서 프로이트는 이드가 유전자처럼 유전될 수 있다고 생각한 모양입니다. 그러나 자아는 나중에 변형된 부분이므로, 자아가 유전된다는 말은 이해하기 어렵습니다. 프로이트 역시 이론적 설명을 제시하지는 않습니다. 하지만 우리는 프로이트의 말에서 단서를 찾을 수 있습니다. 그의 설명에 따르면, 충분히 많은 사람이 충분히 오랜 시간 동안 충분히 강렬하게 그 경험을 반복하는 경우, 자아의 특정 경험은 이드로 바뀔 수 있습니다. 그렇게 되면 오랜 시간 반복된 자아의 경험이 그 종에서 유전되는 형질로 변화된다는 뜻입니다. 천적이 없기에 날 필요가 없었던 도도새의 날개가 사라진 것처럼, 다윈의 진화론이 이드와 자아의 관계에 적용되는 부분입니다.

자아가 이드로부터 초자아를 형성할 때,
우리는 자아가 아주 오래전에 만들어진
자아 형상을 찾아내 부활시켰다고도 말할 수 있다.

「자아와 이드」

초자아는 바깥세상의 목소리가 내면화된 조직으로 알려져 있습니다. 그런데 애초에 왜 나를 그 목소리의 주인과 동일시하고, 그 목소리를 내 일부로 여기며 내면으로 동화했을까요? 그 이유는 내가 그 사람을 좋아했기 때문입니다. 선망의 대상이거나 내가 닮고 싶은 이상이기 때문에 기꺼이 문을 열어 내 안으로 받아들인 것입니다. 자아 이상이란 내가 본으로 삼아 닮고 싶어 하는 형상으로서 외부에서 발견됩니다. 그 전 단계는 이상적 자아로서 내가 꿈꾸고 선망하는 내면의 이미지인데, 그것은 이드의 소원과 관련됩니다. 그래서 초자아가 이드로부터 형성된다고 말할 수도 있습니다. 초자아는 아주 오래전 내가 품고 있던 이상적 자아 형상이 부활한 이미지입니다. 그래서 프로이트의 말대로 초자아는 자아보다 이드에 대해 훨씬 더 잘 알고 있습니다.

자아는 통합과 종합을
가장 중요시하는 경향을 가진 조직이다.

『비전문가에 의한 정신분석의 문제』

자아는 분열을 견디지 못합니다. 한 조각이 빠져 있는 미완의 형상도 참지 못합니다. 자아라는 조직은 지금 눈앞에 있는 산만한 조각들로 하나의 깔끔한 이야기를 만들어 내는데, 이 과정에서 통합에 방해되는 요소들은 과감히 제거합니다. 자아는 나를 위한 결정보다는 남들이 보기에 무난한 상황을 만드는 것이 더 중요한 조직입니다. 사회의 톱니바퀴로 문제없이 작동하는 기능형 인간이 자아의 목표입니다. 분열된 것을 억지로 통합시키고 분석이 필요한 부분들을 억지로 종합하면 왜곡된 해석이 도출되는데, 자아는 그렇게 만들어진 해석이 진실이라고 믿습니다. 진실을 따라가며 답을 구하는 게 아니라, 먼저 답을 만든 후 그것에 진실의 권위를 부여합니다. 자아는 이를 통해 억압을 담당하는 조직으로 부상하며, 결국 우리의 자유를 박탈하게 됩니다.

분석의 목표는
환자가 병리적인 반응을 하지 않도록 만드는 것이 아니다.
그보다는 환자의 자아가
선택의 자유를 가질 수 있도록 돕는 것이다.

『자아와 이드』

성숙한 사람이란 자신의 이드, 자아, 초자아와 성숙한 관계를 가지는 사람을 뜻합니다. 그중 하나에 휘둘리며 자신이 사라져 버리면, 이드, 자아 또는 초자아가 그 사람의 삶을 좌지우지하게 됩니다. 정신분석의 목표는 의식이 무의식과 소통하며 협업하여 소원의 길을 걷는 삶입니다. 그렇게 되면 의식이 주의를 집중할 때 무의식은 의식에게 필요한 기억들을 제공합니다. 이 과정에서 이드는 태초의 소원을 보여 주고, 초자아는 세상 속에서 내 소원이 할 수 있는 일을 보여 주며, 자아는 그 여정에 필요한 전략을 구사합니다. 자아는 상황이 바뀔 때마다 매 순간 멋진 임기응변으로 나를 도울 것입니다. 힘들 때나 슬플 때, 그리고 괴로울 때 우리는 병리적인 반응을 보일 수도 있지만, 자아는 꿋꿋하게 나를 위한 선택을 해 나가게 됩니다.

정신분석의 목표는
자아를 강화하여 초자아로부터 자율성을 확보하도록
만들며, 지각의 범위를 넓히고, 그 조직을 확장하여
자아가 이드의 새로운 부분들을
포섭할 수 있게 돕는 것이다.
이드가 있던 곳에 자아가 나타나야만 한다.

『새로운 정신분석 강의』

이드가 있던 곳에 자아가 형성될 수 있어야만 한다는 말에서 자아는 성숙한 인간의 한 부분으로서 그 사람을 조력하는 조직을 뜻합니다. 이때 자아는 진실을 왜곡하고 억압하기보다는 나를 위해 과감히 선택합니다. 그런 자아는 강화하는 것이 마땅합니다. 선택할 수 있는 자아는 과거에 얽매이지 않으므로 자유로우며, 매 순간에 집중하여 나를 위한 최선의 이야기를 들려줍니다. 자아가 강화되면, 혹독한 초자아가 내 소원을 부정해도 그 명령으로부터 자유로울 수 있습니다. 그런 자아와 함께라면 내가 현재 느끼는 것에 집중할 수 있을 뿐만 아니라, 늘 꿈꾸었던 이드의

소원까지도 감안하여 현재를 위한 최선의 선택을 하게 됩니다. 산만한 충동만이 있던 곳에 모든 것을 보고 듣고 느끼며 하나의 해석을 제시하는 자아가 나타나야 합니다.

분석은 더욱 성숙해지고, 더욱 강화된 자아가 오래된 억압을 극복해 낼 수 있도록 돕는다.

「종결 가능한 분석과 종결 불가능한 분석」

내가 성장하면 내면의 조직들도 함께 변화합니다. 분석을 통해 의식과 무의식이 협업하게 된 상태라면, 그 사람의 자아도 새로운 구조 속에서 자신의 새로운 역할을 수행할 수 있게 됩니다. 모든 자아를 강화해야 한다는 말이 아니라, 성숙한 자아의 선택과 결정을 믿어야 한다는 뜻입니다. 자아가 강해진다는 것은 더 이상 비겁하게 문제의 표상을 밖으로 추방하거나 대면해야 하는 일들을 가려 덮지 않는다는 뜻이기도 합니다. 성숙한 자아는 오히려 가려져 있던 것을 들추어내고 추방했던 것을 되찾아오는 역할도 할 수 있습니다. 분석은 내가 자아와 소통하며, 힘든 상황에서도 자아가 숨기고 회피하며 억압하는 최악의 수를 두지 않도록 돕습니다. 분석의 목표는 문제를 직시하고 소통할 수 있는 자아를 만드는 것입니다.

승화는 출구로 정의할 수 있다.
승화는 억압 없이 자아의 요구에
부응할 수 있는 방법이다.

「나르시시즘 서설」

에너지는 갇혀 있을 수도 있고 세상을 만나 관계 속에서 마음껏 확산할 수도 있습니다. 출구 없이 몸속에 갇힌 에너지는 내 안에서 문제를 일으킵니다. 세상으로 뻗어나갈 수 없기에 비현실적인 생각을 부풀리게 되고, 나는 세상과 사람들로부터 멀어지게 됩니다. 에너지가 몸 안에 고여 있기에 협업에서 느끼는 희열도, 사람을 사랑하는 기쁨도 알 수 없습니다. 승화는 이런 상황에서 벗어날 수 있는 출구입니다. 애초에 자아가 억압이라는 특단의 조치를 취하며 원했던 것은 외부와의 무난한 관계였는데, 승화를 통해 우리는 억압 없이도 세상 속에서 수많은 관계를 이어 가며 사람들과 협업할 수 있게 됩니다. 에너지를 승화할 수 있는 사람은 문제를 겁내지 않으며, 오히려 변수를 기회로 삼습니다.

이드 속의 악으로 간주되는 것을
더욱 심하게 억제하면,
양심의 무게는 더욱 무거워진다.

「꿈 해석에 관해 부연하는 총체적 고찰」

승화란 모든 판단이 유연해지고 관계가 쉬워지며 대상의 양면을 파악할 수 있고 사건의 다양한 층위를 이해할 수 있는 능력입니다. 그래서 이건 나쁜 것이고 저건 하지 말아야 하고 이 사람은 만나면 안 된다는 식의 치우친 생각은 하지 않게 됩니다. 그보다 내 관심은 내가 무엇을 좋아하는지, 내가 누구와 함께 있을 때 더 많이 웃는지, 내가 무슨 일을 할 수 있을지에 대한 고민에 집중됩니다. 이 과정에서 나는 자르고 쳐내고 억압하는 일에는 별로 에너지를 사용하지 않게 됩니다. 컴퓨터 게임이 악한 것이라면, 내가 뭘 좋아하는지, 내가 언제 신나는지와 관계없이 e-스포츠는 나쁜 것이 되어 버립니다. 그리고 그 유일한 답에 의해 양심의 무게가 더욱 무거워지고, 누군가가 정한 옳고 그름이 나를 괴롭히기 시작할 것입니다.

건강한 표상 세계를 가진 사람이
그의 의도에 반하는 표상을 어떻게 처리할까?
그는 건강에 대한 뚜렷한 확신을 가지고
가능한 한 그 표상을 억제하며
자신의 연상 체계 밖으로 밀어낸다.

「최면에 의한 성공 사례」

미숙하고 약한 사람이 자신을 위협하는 표상을 만나면, 당연히 그것을 억압하고 외부로 추방해 버립니다. 물론 건강하고 성숙한 사람 역시 자신의 의도에 반하는 표상을 만날 수 있는데, 그럴 때 그는 당황하지 않습니다. 급하게 허둥대며 일을 저지르지도 않습니다. 그에게는 확신이 있습니다. 자신에 대한 확신, 소원의 길에 대한 확신, 자기가 주의를 기울이는 대상에 대한 확신 속에서 그는 소원의 길을 막고 있는 표상에 눈길을 주지 않습니다. 표상을 억압하고 추방하는 게 아니라 그냥 거기 두고서 그것에 대해 더 이상 생각을 키우지 않습니다. 이러면 저렇게 되고, 그 후에는 어떻게 될 거라는 식의 연상 작용을 멈춘다는 뜻입니다. 그냥 거기 놔둔 채 내 연상 체계 밖으로 밀어내 버리면 그것은 내게 해가 되지 않습니다.

모욕을 당했을 때,
우리는 우리의 존재 가치를 기억함으로써
그런 경험을 수정할 수 있다.
건강한 사람은 특정 연상 작용을 통해
당시에 느꼈던 감정을 털어 버릴 수 있다.

「히스테리 연구」

세상에는 나를 존중하지 않는 사람들이 많습니다. 내 감정과 생각과 판단이 존중받지 못하는 경우도 많습니다. 심지어 나를 모욕하는 사람도 있습니다. 그럴 때 건강한 사람은 그들의 말을 정답 삼아 나를 판단하지 않습니다. 나를 지지하는 사람이 단 한 명도 없다 하더라도 나는 시간의 축 속에서 내 지지자들을 다시 만납니다. 나를 사랑해 주었던 사람, 내 모든 생각과 말과 행동을 존중해 준 사람을 떠올리면 이 상황의 문제가 더 분명하게 드러납니다. 그들의 사랑 속에서 온전한 나 자신이 되었던 순간을 다시 기억하면, 나는 내 존재의 가치를 되찾고 현재의 경험을 수정할 수 있습니다. 하나둘씩 무의식에서 길어 올린 귀한 기억들이 나를 둘러싸면, 강화된 자아는 부정적인 감정들을 털어 버릴 수 있습니다.

히스테리 증상은
관련 기억과 감정을 오롯이 불러내
세세히 말로 표현하는 즉시
영원히 사라진다.

『히스테리 연구』

언제든 전화해서 이야기할 수 있는 사람이 있다는 건 행운입니다. 내 모든 말과 행동을 객관적으로 평가해서 비난하기보다, 내가 왜 그 말을 했고 왜 그렇게 행동했는지 이해해 주는 사람이 있을 때, 그 사람과의 관계 속에서 나는 다시 세상과 이어질 수 있습니다. 누구에게도 말하지 못했던 이야기를 털어놓고 어떻게 해야 할지 함께 고민할 수 있다면 내 고통은 경감됩니다. 그러나 가끔 내가 그런 사람에게도 거짓말을 하고 있다는 것을 깨닫게 되는 순간이 있습니다. 나는 나 자신조차 속이며 다 괜찮은 듯 행동합니다. 이 시간이 오래 지속되면 몸과 마음은 더욱 피폐해집니다. 내 안에서 올라오는 기억과 감정을 솔직하게 살피고 그것에 대한 긴 이야기를 누군가와 나눌 수 있어야 하며, 누군가가 그 이야기를 경청해 주어야 합니다.

분석 작업을 거친 기억은
두 번 다시 외상적인 방식으로 돌아오지 않으며,
이야기 속에서 충분히 풀어낸 이미지는
두 번 다시 떠오르지 않는다.

『히스테리 연구』

사랑에도 진짜 사랑과 가짜 사랑이 있습니다. 가식은 진실을 알면서 거짓을 고르는 선택이 아닙니다. 가식이라고 부르긴 하지만 내 의식은 그것을 진실이라고 믿습니다. 몸도 마음도 늘 불편하지만 왜 그런지 알지 못합니다. 그러나 진짜 진실이 드러날 때 비로소 전체 그림이 보이게 됩니다. 나를 사랑하는 사람인 줄 알았는데 그가 가해자였다는 사실을 깨닫게 되는 순간, 내가 무너집니다. 내 세상이 모두 파괴되는 듯한 이 절망적인 순간이 분석입니다. 자기 분석은 내 삶의 폐허를 마주하는 시간입니다. 그리고 내가 한 번도 괜찮았던 적이 없다는 걸 깨닫게 됩니다. 구조가 보이면, 내 과거의 실체와 매일 밤 시달렸던 악몽의 정체가 드러납니다. 삶은 괴롭지만, 발작처럼 찾아왔던 증상들은 이제 더 이상 나를 괴롭히지 못합니다.

최면을 포기한 후, 나는 환자에게 편안하게 누워서
눈을 감은 채 '집중'해 보라고 요청했다.

「히스테리 연구」

프로이트는 자신의 의지로 환자들의 상태를 바꾸는 것은 쉽지 않았다고 고백합니다. 그보다는 말하겠다는 의지, 나으려는 의지, 폐허를 마주할 용기를 내겠다는 환자의 의지가 있을 때 치료가 시작됩니다. 이 모든 것은 의식의 영역에서 진행되어야 합니다. 의식은 자주 거짓을 진실로 믿는 실수를 범하는 영역이지만, 이야기를 펼쳐 내야 하는 유일한 주체이기도 합니다. 평소 상태에서 의식은 지극히 제한된 정보만으로 상황을 설명하지만, 무한한 정보가 들어 있는 무의식이라는 영역은 의식의 도움 없이는 말로 전달될 수 없습니다. 환자의 의식이 치유의 전장이어야 합니다. 즉 의식의 방어를 억지로 뚫어 내는 방식이 아니라, 의식 자체가 주인이 되어 무의식 속 기억에 집중하고 자신의 이야기를 풀어낼 때 환자가 치유됩니다.

내가 최면에 반대했던 이유는
최면이 저항을 가려 덮기 때문이었다.

「프로이트의 정신분석 과정」

프로이트는 자신이 최면의 도움을 포기했을 때 본격적인 정신분석학이 시작되었다고도 말합니다. 전혀 극적인 도움 없이 평소와 같은 상태에서 이야기를 시작했을 때 문제들이 더 분명하게 드러났기 때문입니다. 환자는 치유에 저항했습니다. 환자는 기억하지 않으려 했고, 생각을 회피했고, 말을 아꼈습니다. 그런데 말의 양이 많아지며 점점 퍼즐이 완성되기 시작합니다. 그러나 그림이 만들어질 때쯤 환자는 도망치거나 치료 자체를 그만두려 했습니다. 최면은 의식의 저항을 가려 덮음으로써 환자와 실랑이를 벌이는 불필요한 시간을 아낄 수 있는 듯 보였습니다. 하지만 프로이트는 곧 그런 싸움 자체가 치유의 과정이라는 것을 깨닫게 됩니다. 의식이 의지를 가지고 병과 전투를 벌이게 될 때, 마침내 치유의 여정이 시작되기 때문입니다.

신경증의 경우, 병리적 조직의 핵심을 직접적으로
관통하는 것은 무모한 짓이다.
우리가 증상을 해석하고 그것을 환자에게 전달해도,
환자는 그러한 해석에 전혀
심리적인 영향을 받지 않는다.

「히스테리 연구」

의사가 자신의 지식에 대한 정보를 환자에게 전달하는 방식으로는 신경증이 사라지지 않습니다. 환자는 이미 그 지식을 가지고 있습니다. 자신이 아는 사실에 접속할 수 없을 뿐입니다. 환자는 모든 것을 동원해서 마음이 그 지식과 만나는 길을 차단합니다.

프로이트는 첫 면담에서 환자의 문제가 선명하게 보이는 경우가 많다고 말합니다. 그러나 병리적 핵심을 그대로 전달하는 것은 무모한 짓이라고 생각했습니다. 환자가 분석가의 명료한 해석에 별 영향을 받지 않는 이유는 그것이 남의 생각이기 때문입니다. 환자의 의식은 어떤 노력도 하지 않고 있으며 어떤 표상에도 주의를 집중하지 않고 있습니다. 그럴 때는 변화가 일어나지 않습니다. 의식이 마음을 먹고 병리적 조직의 핵심을 스스로 들여다볼 때 진짜 이야기가 시작됩니다.

충동은 정신과 신체 사이에서 형성되는 개념으로서,
유기체 내부에서 발생하여 정신으로 전달되는
자극에 대한 심리적 대리자이다.
즉 충동은 정신과 신체의 관계 속에서
신체가 정신에 요구하는 사항들을 측정할 수 있는 지표다.

「충동과 그 전개 경로」

소원은 우리를 움직이는 유일한 동력입니다. 소원은 몸의 에너지가 마음의 의지와 접속할 수 있게 만드는 원인입니다. 우리는 몸의 에너지를 리비도라고 부르고, 몸과 마음이 만나 방향을 가지게 된 에너지를 충동이라고 부릅니다. 자극은 일시적이지만 충동은 지속적입니다. 충동이 의미를 만나면 소원이 됩니다. 몸과 마음의 움직임을 읽어 내는 작업은 의식과 무의식이 협업할 때 가능해집니다. 충동은 몸의 자극을 마음에 전달하는 대리자입니다. 마음이 몸을 이해하게 되는 출발점이 바로 방향성 있는 에너지에 대한 자각입니다. 의식이 그 방향성에 주의를 집중하고 그 의미에 대해 고민할 때 마음은 몸의 이야기를 들을 수 있게 됩니다. 몸과 마음이 이어지고 함께 한 방향을 바라볼 수 있게 될 때 소원의 길이 열립니다.

충동은 결코 의식화될 수 있는 대상이 아니다. 오직 충동을 대표하는 표상만이 의식화될 수 있다.

「무의식」

충동 자체를 분석하거나 이해할 수는 없습니다. 방향성 있는 에너지는 언제나 표상을 타고 움직입니다. 우리가 관찰할 수 있는 유일한 대상은 표상뿐입니다. 충동을 이해한다는 것은 표상을 분석하여 의식화한 후 표상에 관련된 이야기를 이해한다는 뜻입니다. 몸에서 비롯된 에너지는 갈증에서 힘을 얻어 하나의 목표를 설정한 후 특정 대상을 향해 움직입니다. 대상에 대한 이야기 없이 에너지 자체를 설명할 수 있는 방법은 없습니다. 언제나 무엇인가를 하고 싶고, 무엇에 관련하여 속이 상하고, 누군가를 원하며, 어떤 사람 때문에 분노합니다. 누군가를 공격하고, 한 사람을 사랑하며, 하나의 대상에 집착합니다. 어떤 표상에서 수많은 이야기가 쏟아져 나온다면, 그 표상은 우리에게 에너지가 향하는 방향을 알려줄 수 있습니다.

**환자는 저항을 통해 자신의 병에 매달리며,
심지어는 회복 과정과 싸움을 벌인다.
그러나 오직 저항이라는 현상만이
일상에서 나타나는
환자의 행동을 이해할 수 있게 돕는다.**

「심리치료에 대하여」

환자가 회복 과정과 싸움을 벌이는 듯 보인다는 말은 그 사람이 낫고 싶어 하지 않는다는 뜻이 아닙니다. 그보다는 그가 증상에 매달린다는 뜻입니다. 죽을 것같이 힘들 때 지푸라기라도 잡는 심정으로 거머쥔 것이 바로 병입니다. 가해자를 죽이거나 내가 죽는 대신, 병에 의지하여 삶을 살아 내고 있는 것입니다. 그렇게 되면 그의 모든 일상이 병을 중심으로 왜곡됩니다. 이제는 자연스러운 반응도, 편안한 행동도 가능하지 않습니다. 온몸에 힘이 가득 들어간 채 가까스로 견디고 있는 상황이기 때문입니다. 죽느냐 사느냐의 문제 앞에서 향기로운 커피 한 잔과 삶의 여유와 여가의 즐거움은 손이 닿지 않는 먼 곳의 이야기입니다. 프로이트는 환자의 저항을 드러내는 것이 저항을 극복하고 삶을 되찾기 위한 첫 단계라고 말합니다.

너무나 감동적인 것처럼 느껴지는 부모의 사랑은 동시에
매우 유치한 상태일 수도 있는데,
그것은 부모의 자기애가 대상에 대한 사랑 속에서
다시 발현된 현상이라 할 수 있다.

「나르시시즘 서설」

부모는 자식의 감옥이 될 수 있습니다. 부모의 자기애에 갇힌 아이는 모든 행동이 부자연스럽습니다. 그는 자신의 몸도 마음도 내면의 에너지도 이해할 수 없습니다. 부모의 말을 앵무새처럼 되풀이하며 내면에서 솟아오르는 소원의 표상들을 밖으로 쳐내고, 자신을 도울 수 있는 모든 것에 저항합니다. 부모는 아이를 위해 많은 것을 희생하는 듯 보이지만, 사실은 지독한 자기애 속에 자기 몸의 연장인 아이를 가두고 있는 상황입니다. 아이가 원하는 것은 전혀 중요하지 않으며, 더 나아가 아이가 뭔가를 원한다는 사실 자체가 그들에게는 위협으로 느껴집니다. 완벽한 통제를 당연하게 생각하는 이유는 아이가 자기 신체의 일부이기 때문입니다. 그들은 아이에게 묻지 않습니다. 그들이 아이 자신보다 그 아이를 더 잘 알기 때문입니다.

(고어에서) '집 같은'을 뜻하는 'heimlich'는
'으스스한'을 의미하는 'unheimlich'와 이어져 있다.
낯선 대상은 사실 완전히

새로운 것 또는 외부의 것이 아니며,
그보다는 마음속에서 오래 구성되어 온
친숙한 대상이 억압을 통해 추방된 것이다.

「낯선 친밀함」

'heimlich' 속에는 '은밀한', '비밀의'뿐만 아니라 '집 같은'이라는
뜻(고어)도 있었습니다. 즉, 'heimlich'라는 단어가 그 반대의 뜻까
지 모두 내포하고 있는 셈입니다. 그렇다면 이 단어는 매우 정신
분석적인 구조를 가지고 있습니다. 무시무시한 것은 무서운 외
부 대상이 아닙니다. 진짜 섬뜩하고 으스스한 것은 떼어 낼 수 없
는 내부의 괴물입니다. 집 같은 친숙한 느낌을 주지만 그것은 동
시에 그 자체가 이물질이며, 결코 내 몸에 동화되지 않습니다. 가
장 낯선 것은 한때 내 마음속에 있었으나 어떤 이유에서인가 외
부로 추방된 대상입니다. 억압되었던 대상이 귀환할 때 우리는
섬뜩함을 느끼게 됩니다. 그 대상이 원래 우리 내부에 있었다는
걸 이해하게 될 때 대상의 섬뜩함은 사라집니다.

투사는 내부에서 증가하는 불쾌한 자극을
내부가 아닌 외부의 것으로 취급하고,
그것에 방어막을 설치하는 과정이다.

「쾌락 원칙을 넘어서」

투사는 내 것을 남에게 넘겨주는 과정입니다. 내 안에는 더 이상

그런 게 없다는 듯 외부 대상처럼 보이는 불편한 것들을 관찰합니다. 사실 이 모든 과정은 내 마음속에서 진행되고 있습니다. 내 안에 있는데 밖에 있는 대상처럼 느끼는 이유는 그 대상 주위에 방어막이 설치되어 있기 때문입니다. 투명망토와 같은 방어막을 두른 감정은 보이지 않습니다. 그러나 나 자신에게 하는 거짓말은 완성도도 낮고 지속력도 없습니다. 여기 없다고 믿지만 온 신경은 투명망토 속 대상을 향해 집중됩니다. 불쾌한 자극이 증가할 때는 방어막을 칠 게 아니라 그 자극을 감소시킬 수 있는 일들을 해야 합니다. 투사의 가장 큰 문제는 투사가 관계를 파괴한다는 점입니다. 내 것을 넘겨받은 사람은 우리의 소중한 투명망토를 들추는 악한 역할을 맡게 됩니다.

아이들의 놀이를 보면,
그들은 불쾌한 상황을 수동적으로 경험하기보다는
불쾌한 것을 반복함으로써
그 강렬한 느낌을 능동적으로
통제하려고 노력하는 듯하다.

『쾌락 원칙을 넘어서』

아이들이 어른들보다 훨씬 용감하다는 생각을 할 때가 많습니다. 우리는 피하고 덮고 거짓말을 하는데, 아이는 불쾌한 것, 낯선 것에 달려들어 지칠 때까지 조사합니다. 이 장난은 불편하게 만들던 그 느낌이 익숙해질 때까지 계속됩니다. 아이들은 하고 싶은 게 있을 때 참지 않습니다. 가로질러 가면 되는 걸 굳이 돌아가지도 않습니다. 그들은 자기가 다칠 수 있다는 사실을 감안하지 않고 행동합니다. 오히려 아이들은 낯선 대상이 익숙해지면 싫증을 냅니다. 처음에 받았던 자극을 되돌려받지 못하기 때문입니다. 잘 통제되는 지겨운 상황은 더 이상 놀이가 될 수 없습니다. 어른이 따라다니며 보호해 주고 모든 걸 통제한다면 아이의 놀라운 능동성은 파괴됩니다. 수동적으로 명령을 기다리기만 하는 아이는 건강한 사람이 아닙니다.

모든 유기체는 자신의 방식으로
죽음에 이르고자 한다.

『쾌락 원칙을 넘어서』

프로이트는 삶을 '가능한 한 멀리 우회하여 죽음에 이르는 길'로 정의합니다. 이보다 더 중요한 부분은 모든 생명이 오직 자신의 방식으로 그 길을 걷고자 한다는 말입니다. 각 개체가 삶을 영위하는 스타일이 다르다는 뜻입니다. 전쟁을 거치며 어느 때보다 죽음에 대해 더 많이 생각하게 된 프로이트는 죽음에 대한 고찰 없이는 삶에 대해서도 이야기할 수 없다고 생각하게 됩니다. 그리고 삶을 에로스와 타나토스 사이의 줄다리기로 정의합니다. 우리의 삶 속에서 아무리 회피하려 해도 도망치는 것이 불가능한 지점이 바로 죽음입니다. 그러나 우리의 시간이 다하는 마지막 순간까지 그 모든 시간을 죽음이 아닌 삶으로 경험하기 위해 노력할 수는 있습니다. 죽음을 회피하는 삶이 아니라 매 순간 죽음과 겨루는 삶이 되어야 합니다.

문명의 발전은 에로스와 죽음, 삶충동과 파괴충동 사이의 줄다리기 속에서 결정된다.

『문명 속의 불쾌』

모든 것을 개인이 혼자 해야 할 때 그가 동원할 수 있는 에로스의 양은 극적일 수 없습니다. 그러나 에로스와 타나토스 사이의 줄다리기는 한 사람 속에서만 벌어지는 싸움이 아닙니다. 그것은 문명 속에서 일어나고 있는 전투이기도 합니다. 문명 속에서도 역시 에로스는 죽음이 삶을 이기지 못하게 만들기 위해, 더 이상 삶을 수호할 수 없는 상황을 막아 내기 위해 싸우고 있습니다. 에로스는 파괴충동이 삶의 모든 것을 앗아가 버리기 전에 파괴된 부분을 재건합니다. 한 사람이 삶의 전투 속에서 열세에 몰려도, 문명 속 에로스가 제도라는 이름으로 그를 지원하면 그는 다시 일어설 수 있습니다. 에로스로 무장된 개인이 매 순간 삶을 위한 전투를 벌일 때, 문명 속 에로스의 힘은 더욱 강해집니다.

두 천상의 힘 중 하나인 영원한 에로스가
그 불멸의 적수와의 싸움 속에서
스스로를 입증해 내길 염원할 뿐이다.

「문명 속의 불쾌」

에로스와 타나토스는 모두 불멸의 힘들입니다. 아무리 굳건히 마음을 다잡아도 우리는 다시 무너집니다. 소원의 표상들뿐만 아니라 나를 찌르고 베는 고통의 표상들이 함께 나를 방문합니다. 의식이 가까스로 무의식과의 소통을 해내면, 문제의 표상 하나가 나타나 모든 것을 수포로 만들기도 합니다. 그러나 그럴 때도 우리는 에로스 역시 타나토스만큼 강한 불멸의 힘임을 믿어야 합니다. 타나토스가 에로스의 적이라고 하지만, 에로스야말로 우리를 파괴하는 타나토스의 적수입니다. 우리의 의식이 포기할 때조차 에로스는 우리를 포기하지 않습니다. 살이 뜯겨 나간 곳에 새살이 돋게 하고, 세포가 죽은 조직에 새로운 세포를 만들어 냅니다. 우리가 노력하지 않을 때조차 에로스는 그렇게 우리 안에서 불멸의 힘을 발휘하고 있습니다.

문명은 에로스에 봉사하는 일련의 과정으로서,
그 목적은 개별적 인간을 모아 가족으로,
인종, 민족, 국가로, 그리고 인류로 통합하는 것이다.

「문명 속의 불쾌」

'우리'라는 단어는 엄청난 힘으로 '우리'에 속하지 않는 사람들을 밀어내기도 합니다. 내부를 지키기 위해 내부에 위협이 되는 외부를 경계하거나 적대시하는 상황입니다. 그렇다면 모든 것을 합치고 사람을 이어 내는 에로스가 작동할 때도, 이 과정에서 외부를 파괴하는 파괴충동이 필요하다는 뜻입니다. 이와 같은 문제를 해결할 수 있는 방법은 에로스를 확장시키는 것입니다. 구성원의 수가 늘어갈수록 내부와 외부의 경계가 조금씩 넓혀집니다. 그리고 마침내 전 인류로 확장됩니다. 물론 여전히 지구 밖 외계인은 남으로 규정된 상태지만, 일단 모든 인간의 화합까지 에로스의 영역을 넓혔습니다. 프로이트는 에로스가 우리를 위해 봉사한다고 말하지 않습니다. 그 대신 우리가 에로스라는 천상의 힘을 위해 봉사한다고 표현합니다.

의식적 자아를 제압하는 무의식에 대해 이야기하며
정신분석학은 인간의 자기 사랑에 큰 흠집을 냈다.
이것은 인간의 자기애에 대한 심리학적 타격이다.
우리는 이를 다윈의 진화론에 의한 생물학적 타격과
코페르니쿠스의 발견에 의한
우주적 타격과 비교할 수 있다.

「정신분석에 대한 저항들」

생물학적 타격, 우주적 타격, 그리고 심리학적 타격은 중심을 무너뜨리는 일련의 사건들이었습니다. 유인원의 조상과 인간의 조상이 같다는 다윈의 말은 우리의 자존심에 생채기를 냈습니다. 지구가 중심이 아니라는 코페르니쿠스의 말 역시 인간에 대한 모욕처럼 느껴집니다. 그리고 이제 프로이트는 내가 아는 나는 사실 내가 아니라는 말로 우리를 곤경에 빠뜨립니다. 만약 의식적 자아에게조차 의지하지 못한다면 우리에게 남아 있는 것은 아무것도 없습니다. 의식의 도움을 받기는커녕 의식적 자아의 거짓말을 밝혀내고 자아를 공격해야 하는 상황인데, 우리에게 확신을 주는 대상도 없습니다. 세 번의 타격들은 우리를 견디기 힘든 막막함 속에 내던집니다. 그러나 이 막막함은 소원의 길이 시작되는 출발점입니다.

분석가는 환자가 사라진 표상의 흔적에 주의를 기울이게 만든다.

『히스테리 연구』

내 가장 든든한 지원군은 무의식입니다. 무의식 속에서 지금 내게 필요한 표상을 건져 내면 나는 현재의 문제를 해결할 수 있습니다. 하지만 무의식의 표상은 의식에 맞닿아 있지 않기에 우리는 표상의 정확한 위치도 구체적인 내용도 알지 못합니다. 이런 상황에서 사라진 표상을 찾는 유일한 방법은 표상이 남긴 흔적에 주의를 기울이는 것입니다. 이야기 속에서 하나의 표상을 뜯

어낼 때, 그 표상을 둘러싸고 있던 다른 표상들이 흩어집니다. 흩어진 표상들은 산만하게 인접 표상들과 연결되는데, 맥락을 잃어버린 상태이므로 어떤 강렬한 감정도 불러일으키지 못합니다. 그러나 의식 속에 남은 표상들을 관찰하며 주의를 집중하고 연상을 시작하면, 어느 순간 잃어버린 표상을 만나게 됩니다.

하나의 표상이 잘못된 연결을 통해 분석가에게 전이된다.

「히스테리 연구」

신경증의 문제 중 하나는 표상의 연결에 오류가 발생한다는 것입니다. 아버지께 화를 내야 하는데, 나는 상사에게 화를 냅니다. 내게 상처를 준 사람은 과거의 연인인데, 나는 현재의 연인을 경계합니다. 나는 오늘도 표상 선물 한 보따리를 안고 집을 나섭니다. 길을 가다 누군가를 바라보았는데, 마음에 통증이 느껴집니다. 가만히 바라보니 그가 내 표상 하나를 들고 있습니다. 동료가 얄미운 짓을 하는데, 별일 아니라고 생각하면서도 갑자기 직장을 옮기고 싶습니다. 내가 왜 이러나 놀라는 순간, 그 사람이 들고 있는 내 표상이 눈에 보입니다. 내가 그들에게 내 표상을 하나씩 선물하고 있었던 것입니다. 표상 속에는 과거에 내가 경험한 사람들에 대한 기억이 압축되어 있습니다. 그 기억이 선물 되는 순간, 과거가 내 앞에 있는 사람을 점령합니다.

**심리치료는 저항을 약화시킴으로써
기존에 잘려져 나갔던 부분까지
혈액 순환이 되도록 만드는 과정이다.**

『히스테리 연구』

건강은 순환의 문제와 직결됩니다. 손끝까지, 발끝까지, 머리끝까지 산소와 영양이 공급되며 몸의 모든 부분이 원활하게 소통할 수 있다면 우리는 건강을 유지할 수 있습니다. 문제가 생기면 각 기관이 다 같이 덤벼들어 순식간에 문제를 해결할 것입니다. 그런데 만약 소원의 길을 막고, 문제는 가려 덮으며, 문제에 대한 지적은 밖으로 내친다면 건강의 흐름이 유지될 수 없습니다. 그렇게 하지 않으면 될 텐데, 문제는 그렇게 간단하지 않습니다. 의식이 의지를 가지고 수행하는 작업들이기 때문입니다. 의식은 문제를 바로잡으려는 모든 시도에 저항하며, 최선을 다해 변화를 막아 냅니다. 치유는 의식의 저항이 약화되고 그 사이로 리비도가 비집고 들어가 마음의 순환이 원활하게 이루어지는 과정을 뜻합니다.

**증상은 결코 의식적인 과정에서 형성되지 않는다.
문제가 되는 무의식적 과정이 의식화되면
증상은 사라진다.**

『정신분석학 입문 강의』

의식은 주인이 아닙니다. 그리고 우리를 도울 수 있을 만큼 힘이 있는 영역도 아닙니다. 그러나 의식은 우리가 무의식에 접속할 수 있는 유일한 길입니다. 하나씩 차분하게, 그러나 집요하게 생각을 이어 가면 희미한 기억이 떠오릅니다. 그것은 무의식적 과정이 시작된 출발점이자 사라진 기억의 흔적입니다. 그런 일이 생겼다는 표현이 내가 왜 그렇게 했는지 알 것 같다는 말로 바뀌면 증상은 사라집니다. 모든 것의 원인이 나라는 뜻은 아닙니다. 원인은 언제나 구조와 관계 속에 있습니다. 문제의 시작은 외부일 수 있지만, 문제 해결의 시작은 내부입니다. 우선 내가 결심해야 합니다. 그래서 문제를 해결할 때 우선 내 태도로 논의를 제한하여 내부를 정비해야 하는 것입니다. 그렇게 강화된 자아는 무의식과 소통할 수 있습니다.

심리치료적 수술은 병리적인 부분을 제거하는 것이 아니다. 그것은 마음의 방향이 회복을 향해 진행할 수 있는 환경을 조성하는 과정이다.

「히스테리 연구」

정신분석의 입장에서 잘라내 버려야 하는 마음은 존재하지 않습니다. 마치 그런 일이 없었던 것처럼 깨끗하게 망각하면 우리는 행복한 삶을 살 수 있을까요? 이 경우, 내가 겪은 일에 몇 가지의 서사가 덧붙여집니다. 하나는 내가 망각을 선택했다는 사실이고, 다른 하나는 그 결과, 내가 망각한 사실이 무엇인지 알지 못한다는 점입니다. 이 공백들은 다시 문제를 일으킵니다. 무의식은 모든 것을 동원해 해결되지 않은 기억을 복원하고자 할 것이며, 마침내 기억이 돌아오면 그 기억을 대면하는 첫 번째 단계로 돌아가게 됩니다. 프로이트는 모든 것을 그대로 둔 상태에서 치유의 방향성을 만들어 내는 작업을 수술이라고 부릅니다. 그것은 마음의 수술입니다. 수술이 잘 되면 우리는 대면할 용기, 선택할 자유, 변화하는 새로움을 회복합니다.

치료의 목적은 환자의 저항을 없애고
억압된 부분을 살펴봄으로써 궁극적으로
자아의 통합과 강화를 가능하게 하는 것이다.
그렇게 되면 환자는 더 이상 내적 갈등에
에너지를 소진하지 않게 되며,
자신이 가진 가장 좋은 것을 사용하여 삶을 효율적으로,
그리고 즐겁게 운용할 수 있게 된다.

「백과사전에 포함된 두 편의 글」

마음의 수술은 자아를 통합합니다. 자아가 통합되지 않은 상태라면, 나는 든든한 어른이라고 할 수 없습니다. 미숙한 자아는 매사에 불만을 쏟아 내고, 늘 모든 것이 부족하며, 항상 나 자신의 모습이 형편없다고 생각합니다. 그러나 통합된 자아를 가진 사

람은 스스로 자신은 지금도 온전한 한 사람의 어른이라고 생각합니다. 그는 불안을 잠재우기 위해 누군가에게 의지하지 않습니다. 그는 혼자 있을 때도 괜찮은 어른입니다. 그는 좋은 어른으로서 현재와 미래를 계획합니다. 모두 강한 자아가 할 수 있는 일들입니다. 내적 갈등에 에너지를 소진하게 되면 내 소원에 주의를 집중할 수 없습니다. 정신은 산만해지며 효율은 떨어지며 늘 불만과 실망이 가득합니다. 그런 자아는 자신이 무의식 속에 어떤 세상을 가지고 있는지도 알지 못합니다.

우리가 환자의 히스테리적 비참을
일상의 불운으로 바꾸는 데 성공한다면,
모든 것이 달라질 것이다.
건강을 되찾은 정신은 새롭게 무장하여
그러한 불운과 전투를 벌일 것이다.

『히스테리 연구』

정신분석은 아름답고 행복한 삶을 약속하지 않습니다. 정신분석의 목표는 우리를 싸우게 만드는 것입니다. 삶은 전장이 되고 나는 투사가 됩니다. 천상의 에로스가 내게 힘을 불어넣어 주고 나와 남과 세상을 파괴하는 타나토스와의 싸움이 시작됩니다. 전투는 많은 에너지를 필요로 합니다. 삶이 비참한 상황에서는 에로스가 스며들 틈이 점차 좁아지는데, 버틸 힘이 없기에 비참 속

으로 더욱 가라앉는 악순환이 반복됩니다. 그런데 만약 소원의 표상들이 하나둘씩 추가되어 에로스가 흘러들 틈을 넓히면 비참은 불운으로 바뀌게 됩니다. 비참은 별일 아닌 것으로 그 지위가 강등됩니다. 난감한 마음과 속상함은 그대로지만, 이제 나는 무장을 갖출 힘을 낼 수 있게 됩니다. 그리고 삶을 위해 내 불운과 전투를 벌이게 됩니다.

심리치료는 무의식을 전의식의 지배하에 놓는 것이다.

「꿈의 해석」

프로이트는 『꿈의 해석』에서 전의식이라는 개념을 사용한 후 바로 의식과 무의식의 이원 구조로 설명을 단순화시킵니다. 원래 의식은 아는 것, 무의식은 모르는 것, 전의식은 열심히 생각하면 떠오르는 무의식의 부분인데, 훗날 굳이 전의식이라는 영역을 가정하지 않아도 된다고 판단했던 것입니다. 그런데 무의식을 전의식의 지배하에 놓았을 때 마음이 건강을 되찾는다는 말은 지금도 중요한 조언이 될 수 있습니다. 무의식의 표상들을 그만큼 쉽게 길어 낼 수 있다는 뜻이기 때문입니다. 자아가 그 정도로 무의식과 소통하고 있는 상태라면, 그 사람이 하는 모든 일은 자연스러울 것입니다. 몸과 마음을 망치는 줄도 모르고 억지로 뭔가를 하고, 기꺼이 혹독한 대가를 치르며 표상들을 억압하는 자아는 의지를 가지고 무의식을 외면합니다.

정신분석의 목표는
환자의 무의식적인 삶이 조금 줄어들고
의식적인 삶이 이전보다
더 확장되게 돕는 것이다.

『정신분석학 입문 강의』

뭘 좋아하냐고 물을 때 막막했던 적이 있습니다. 어떻게 하고 싶으냐고 물을 때도, 왜 그랬냐고 질문할 때도 잘 모르겠다고 답했습니다. 나는 지금 내 무의식에 휘둘리고 있습니다. 무의식이 의식을 좌지우지하게 되면, 의식은 점점 더 위축되며 스스로의 결정을 믿지 못하게 됩니다. 표상을 탐색할 때는 고도의 집중력이 요청되는데, 의식이 사용할 수 있는 동력이 적다면 그 역할을 수행할 수 없게 됩니다. 그러나 만약 에너지를 총동원하여 하나의 표상에 접속하는 데 성공하기만 하면, 그 표상을 동아줄 삼아 연상을 이어 갈 수 있습니다. 연상 속에서 더 많은 소원의 표상들을 만나며 의식은 힘을 얻게 되고, 강해진 자아는 이제 잘 모르겠다고 답하는 대신 왜 그렇게 되었는지 관찰하고 이해하고 설명합니다.

심리치료의 성공이 목표로 설정되어서는 안 된다.
가장 중요한 것은 환자가 자신의 무의식적 소원을
의식적으로 알아차리도록 돕는 일이다.

고 「다섯 살배기 소년의 공포증 분석」

늘 자기 이야기만 하는 사람들이 있습니다. 대화가 아니라 독백에 가까운 말로 자신에 대해 끝없이 이야기를 이어 갑니다. 대화를 한다고 하면서도 상대방의 입장이나 상황보다는 언제나 자신의 이미지와 자기만족이 더 중심에 있습니다. 그런 사람들은 꼭해야 하는 질문들을 하지 않습니다. 그들이 다른 사람에게는 관심이 없기 때문입니다. 분석가는 치료의 성공보다 환자의 안녕을 더 중요하게 간주해야 합니다. 분석을 환자보다 우위에 둔다면 분석가는 실수를 범하게 됩니다. 꿈분석에서도 마찬가지입니다. 분석가가 환자의 꿈에 대한 자기 생각을 말하기 시작한다면, 그는 환자의 꿈을 분석할 수 없습니다. 분석가는 거울이자 수화기로서 꿈의 모습을 그대로 환자에게 돌려줄 수 있는 사람이어야 합니다.

우리는 환자에게 전적으로 진실에 충실하라고 요청한다.
우리가 진실에서 멀어질 때,
우리의 모든 권위도 해체된다.

「기억하기, 반복하기, 그리고 작업하기」

진실이 우리를 아프게 하는 경우가 있습니다. 그래서 우리는 가리고 덮고 회피합니다. 분석가의 경우도 마찬가지입니다. 자기의 이미지가 구겨지거나 이미 했던 말을 되돌려야 하거나 사과해야 하는 경우가 생겼을 때, 분석에서 판단의 기준으로 삼아야 하는 유일한 개념은 진실입니다. 환자의 무의식에 대한 진실은 분석가의 판단이나 환자의 의식적 생각보다 더 중요합니다. 환자가 무의식의 소원을 의식화하고 강해진 자아가 전체적인 해석을 할 수 있을 때 분석은 종결됩니다. 분석가의 권위는 그의 말이 틀렸을 때 해체되는 게 아니라 분석이 진실에서 멀어질 때 사라집니다. 진실을 추적하는 과정 속에서 끝내 환자가 자신이 원하는 것에 대해 말할 수 있게 되었을 때 그의 진짜 삶이 시작됩니다.

우리는 분석에서의 관계가 진실에 대한 사랑,
즉 현실에 대한 이해에 근거하며,
모든 종류의 가식이나 속임수를 배제한다는 것을
잊지 말아야 한다.

「종결 가능한 분석과 종결 불가능한 분석」

오직 진실만이 판단의 기준이 되어야 합니다. 그때 우리는 현실을 제대로 이해할 수 있게 됩니다. 가식과 속임수는 우리 마음을 편하게 해 주는 반면, 진실은 우리를 불편하게 만들 수도 있습니다. 하지만 일시적 만족을 위해 잘못된 선택을 지속하면 가식과 속임수의 끝은 언제나 비극으로 종결됩니다. 진실은 처음 취할 때는 쓰지만 결국 우리 몸에 이로운 약입니다. 잘못된 부분을 풀어내고 바로잡아 온 마음으로 혈액이 공급되면 삶 전체가 건강해집니다. 시력이 좋은 사람도 그가 가식 속에서 행동한다면 현실을 제대로 바라볼 수 없습니다. 임의로 선택하여 그 부분만 보고, 듣고, 해석하기 때문입니다. 제한된 정보로는 현실을 제대로 이해할 수 없습니다. 당연히 그런 태도로는 삶의 다음 단계로 넘어갈 수도 없습니다.

나는 환자가 말하는 동안 메모를 하기보다는
퇴근 후 저녁에 기억을 더듬어 기록을 한다.
꿈의 경우에는, 환자가 꿈 이야기를 한 후,
나중에 다시 한번 꿈의 서사를 말해 달라고 요청하여,
이때 꿈을 기억해 놓는다.

「정신분석 수련을 하는 의사들을 위하여」

한 사람의 이야기를 제대로 경청하기 위해서는 그 사람이 무슨 말을 하는지 통찰할 수 있어야 합니다. 인간은 모든 것을 기억할 수 없으며, 아무리 노력해도 선택적으로 제한된 일부 내용만을 고를 수밖에 없습니다. 한 부분도 놓치지 않겠다고 다짐해도 내가 들은 모든 것을 남김없이 다 기억할 수는 없습니다. 그러나 기록된 문장과 언어 없이는 치밀한 분석이 가능하지 않습니다. 여기서 프로이트는 차선을 선택합니다. 그는 모든 것을 다 적는 게 불가능하다면, 말의 요지를 파악하는 것이 먼저라고 생각했습니다. 물론 이 상태에서는 구체적인 언어 분석이 쉽지 않습니다. 그러나 매 회기, 환자의 이야기가 쌓여 가면, 반복되는 부분들이 눈에 띄기 시작하며, 부조처럼 드러나는 문장들에 집중하여 세부 분석을 할 수 있게 됩니다.

수술하는 동안 의사는
자신의 감정이나 인간적인 연민보다는
수술을 성공적으로 수행하는 데 총력을 기울인다.
분석가 역시 감정적으로
침착한 상태를 유지할 수 있어야 한다.

「정신분석 수련을 하는 의사들을 위하여」

프로이트가 제시하는 분석가를 위한 조언은 모두 어떻게 누군가의 이야기를 잘 경청할 것인가에 대한 조언이기도 합니다. 나도 덩달아 당황하고 감정에 휩쓸리다 아무 도움이 못 되어 준 경험이 있습니다. 반면 침착할 수 있는 이야기가 아닌데도 차분히 내 이야기를 들은 후 내게 진짜 도움을 준 사람도 있습니다. 차갑다고 느꼈지만, 무엇을 어떻게 해야 하는지 조목조목 절차를 짚어 내며 나를 이끌어 주었을 때, 마침내 정신을 차릴 수 있었습니다. 물론 공감과 연민은 중요합니다. 나를 위해 울어 주는 사람을 만나는 것은 삶의 행운입니다. 그러나 동시에, 우리에게는 잠시 감정을 보류하고 현재의 문제를 구조적으로 분석해 주는 친구도 필요합니다. 어떤 위로는 시간이 흐른 후에야 우리의 마음에 도달합니다.

나는 진실을 전달한다며 상황을 단순하게 요약하는 것을 좋아하지 않는다.

『정신분석학 입문 강의』

마음을 괴롭게 만드는 생각들이 있습니다. 어떤 사람을 떠올리면 마음이 아파 오기도 합니다. 그 사실은 명확하지만, 이유를 말해야 할 때는 그렇게 분명히 요약하는 게 어렵습니다. 이것도 떠오르고, 저것도 떠오르는데, 말하다 보면 내가 생각하지 못했던 이야기를 하고 있습니다. 맥락에서 벗어났다는 생각도 들고, 말을 하면서 이건 진짜 이유가 아니라는 생각도 하게 됩니다. 충분히 이야기한 후 요약을 하려는데, 갑자기 또 하나의 기억이 떠오르고 생각이 이어집니다. 이제는 그래서 괴로웠다고 결론을 내려야 하는데, 이번에도 조금 다른 이야기를 덧붙이게 됩니다. 내가 무슨 이야기를 하고 있는지, 제일 중요한 게 뭔지 나는 분명히 알고 있는데, 그 진실을 한마디로 요약하는 것은 쉽지 않습니다.

어떤 것을 듣거나 읽은 후,
그들은 자신의 방식대로 이야기를 만들고
축약하거나 단순화한다.
이렇게 그들은 자신들이 선택하고 싶은 부분만을
골라낸다.

하나의 사건을 이해하는 각자의 방식들을 관찰한 후 놀라게 되는 경우가 있습니다. 사람들은 같은 이야기를 정반대로 해석하기도 합니다. 진실의 전달을 목표로 삼는 성숙한 어른이라 할지라도, 그들은 서로 다른 것을 듣고 각자의 방식으로 정보를 해석합니다. 선택은 언제나 배제와 같은 말입니다. 모든 것을 선택할 수 없기 때문에, 해석은 언제나 제한된 정보 속에서 특정 정보들을 배제한 채 제시됩니다. 아무리 모든 것을 고려한 후 진실을 정확히 전달하려고 노력해도, 우리는 결국 우리가 선택하고 싶은 부분만을 골라내 각자의 방식으로 이야기를 만들어 냅니다. 그러나 진실을 말하겠다는 의지 속에서 이야기를 축적해 가면 선택되는 정보의 양이 늘어나게 되고, 배제되었던 표상들을 점차 되찾아올 수 있게 됩니다.

158

나는 환자에게 떠오르는 것을
모두 이야기해 달라고 말한다.
불쾌한 생각일 수도 있고,
중요하지 않아 보일 수도 있으며,
적절하지 않거나 무의미한 것처럼 느껴질 수도 있지만,
일단 모두 들려 달라고 요청한다.

『강박 신경증 사례에 대한 주석』

프로이트는 진실에 다가가기 위해서는 모든 비난과 비판을 내려 놓고 마음에 떠오르는 것만을 따라가야 한다고 말합니다. 내 안에서 올라오는 생각들을 여유롭게 하나씩 살펴보면, 그 속에서 무의식이 내게 전달하는 메시지를 읽을 수 있습니다. 불쾌한 것, 사소한 것, 아무 의미 없는 것, 아무 상관없는 것을 쳐내며 재단한 생각은 더 이상 무의식의 진실을 전달할 수 없게 됩니다. 어떤 생각이 무의미해 보이는 이유는 그것에 의미가 없기 때문이 아니라 우리가 아직 의미를 찾지 못했기 때문입니다. 올라오는 표상을 하나씩 나열하다가 어느 순간 공통분모를 찾고 놀라게 되는 일이 자주 있습니다. 어제 내가 경험한 사건과 무의식에서 올라온 기억이 놀랍도록 유사하다는 것을 발견하게 되기도 합니다. 그때 표상들이 자신의 자리를 찾아 배열됩니다.

분석가는 환자가 이해하기 어려운 대상이어야 하며,
모든 것을 되돌려 보여 주는
거울의 역할만을 해야 한다.

「정신분석 수련을 하는 의사들을 위하여」

물론 분석가도 경청하고 배려하며 인간적인 면에서 환자와 소통할 수 있어야 합니다. 만나면 좋고, 마음도 편하고, 이야기를 하고 싶다면 더 바랄 게 없을 것입니다. 프로이트도 환자를 친구처럼 대하거나, 환자의 집세를 대신 내주거나, 환자에게 적극적으로 조언을 하기도 했습니다. 그런데 이런 시도들은 모두 기본 이론 위에 추가되는 덤입니다. 정신분석의 이론적 전제는 경청이나 배려가 아니라 모든 표상에 대한 투명한 관찰입니다. 정신분석에서 제일 중요한 것은 분석받는 사람의 말이며, 그의 말을 단 한 마디도 놓치지 않게 돕는 장치가 이론적 전제여야 합니다. 프로이트는 이 장치를 거울로 설정합니다. 거울은 하나를 선택하고 다른 하나를 배제하지 않으며 그 앞에 선 사람의 모든 것을 되돌려 보여 줍니다.

수화기가 모든 말을 통과시키듯이
의사는 이와 같은 방식으로
자신의 환자를 대면해야 한다.

「정신분석 수련을 하는 의사들을 위하여」

누군가의 이야기를 들을 때, 우리는 어떤 부분에 집중하고 사소한 부분은 흘려듣습니다. 그런 말을 들었었는지 기억이 나지 않기도 합니다. 그런데 나중에 알고 보니, 우리가 사소한 것이라고 생각했던 이야기가 사실은 그를 이해하기 위해 꼭 필요한 열쇠였습니다. 분석가는 수화기여야 합니다. 수화기에는 어떤 이야기를 선택적으로 통과시키는 검열이 작동하지 않습니다. 모든 이야기를 다 들을 수 있는 능력은 분석가가 되기 위한 이론적 전제입니다. 한 사람을 진정으로 이해하기 위해 꼭 필요한 전제라는 뜻입니다. 우리는 그의 이야기 중 어떤 부분이 어떤 역할을 하는지 알 수 없습니다. 이야기를 모아 가다 보면 어느 순간 그림이 그려지고 조각들이 맞추어지는데, 그전까지는 우리가 듣는 모든 정보를 우리 안에 담을 수 있어야 합니다.

분석가의 무의식은 환자의 무의식이 전달될 수 있는 수용적 기관이어야 한다.

「정신분석 수련을 하는 의사들을 위하여」

무의식을 공유한다는 말은 마치 공상과학영화의 한 장면처럼 들립니다. 그러나 이 과정이 없다면 우리는 서로를 이해할 수 없습니다. 아주 오래 알고 지냈지만 단 한 번도 소통한 적이 없다는 느낌이 드는 사람이 있습니다. 서로의 무의식에 접속하지 못했기 때문에 벌어지는 일입니다. 거울처럼, 수화기처럼 내 앞에 있는 사람의 모든 것을 다 보고 다 들을 수 있는 사람은 없습니다. 그러나 그렇게 하려는 마음이 있다면, 그리고 그 마음이 지속된 다면, 우리는 타인의 무의식을 만날 수 있게 됩니다. 그는 쾌활한 척하지만, 마음속으로는 늘 비명을 지르는 상태일 수도 있고, 지나치게 정적이고 수동적이지만 사실은 누구보다 자유로움을 갈망하는 사람일 수도 있습니다. 선택적인 정보만을 보고 듣는다면 절대로 그를 이해할 수 없습니다.

아직 분석을 경험하지 않은 독자들에게
들려주고 싶은 조언은,
분석을 할 때, 모든 것을 한 번에 이해하려 하지 말고
눈이 가는 모든 세부에 편견 없이 주의를 집중한 후,
어떤 이야기가 떠오를 때까지
기다려야 한다는 것이다.

『다섯 살배기 소년의 공포증 분석』

무의식의 움직임을 이해하는 것은 가시적인 현상을 관찰하는 일보다 어렵습니다. 내 앞에서 내게 이야기를 하고 있는 한 사람을 이해하려 할 때, 우리는 절대로 그의 진실을 한 번에 명확히 파악할 수 없습니다. 내가 그 사람의 마음을 모른다는 사실을 염두에 두고, 모든 편견을 내려놓은 채 그 사람의 모든 말에 주의를 집중하면, 어느 순간 하나의 이야기가 떠오릅니다. 하나의 이야기는

마음의 한 조각으로서, 이야기들이 쌓여 가며 마음의 모양이 조금씩 드러나기 시작합니다. 이 과정에서 제일 어려운 것은 그 사람의 말을 해석하려는 내 조급한 마음과 싸우는 일입니다. 이건 이런 뜻이고, 이 사람은 이런 문제가 있다는 성급한 결론과 싸우며, 모든 판단을 중지하고 내 앞에 있는 사람의 이야기를 따라가는 것은 쉬운 일이 아닙니다.

> 말은 심리치료의 필수적인 도구다.
> 오늘날 우리가 일상에서 사용하는 말은
> 순화된 마술이다.

「심리적(정신적) 치료」

말은 마술입니다. 말은 물리적인 형체를 가지고 있지도 않고 가시적인 대상도 아닌데, 말로 사람을 해칠 수도 있고 말로 사람을 치유할 수도 있습니다. 의사가 환자에게 맞는 약을 찾았을 때 환자의 증상은 호전되며 고통은 완화됩니다. 말은 마음을 고치는 약에 해당하는 정신분석의 치유 도구입니다. 말의 마술을 이해하는 사람과 그렇지 않은 사람은 관계 속에서도 큰 차이를 보입니다. 말이 무엇을 할 수 있는지 모르는 사람은 관계의 마술을 이해하지 못합니다. 내 앞에 있는 사람이 왜 화를 내는지, 지금 그에게 어떤 단어가 필요한지, 어떤 말이 문제가 되는지 오리무중일 것입니다. 그러나 말을 이해하는 사람은 마술을 부릴 수 있습니다. 한 사람의 마음에 접속할 수 있는 유일한 방법은 그 사람의 말에 접속하는 것입니다.

말은 말할 수 없이 큰 선을 행할 수도 있고, 끔찍한 상처를 줄 수도 있다.

『비전문가에 의한 정신분석의 문제』

어떤 말을 들었을 때, 갑자기 '아, 이 사람은 과거에도, 그리고 지금도 자기밖에는 없구나' 하는 생각이 들었던 적이 있습니다. 말 한마디 속에 그의 생각 전체가 실려 있었고, 일상적인 말에 큰 상처를 받게 됩니다. 이 사소한 말을 통해 나는 그가 한 번도 진정으로 나와 이야기를 나눈 적이 없는 사람이라는 사실을 깨닫게 됩니다. 반면 무뚝뚝하고 감정이 메마른 사람이라고 생각했었는데, 그와 이야기를 나눈 후 큰 위로를 얻게 되기도 합니다. 삶의 가장 힘든 순간에 선물처럼 받게 되는 말이 있고, 낭떠러지 끝에 서 있는 나를 뒤에서 세차게 밀어 버리는 말도 있습니다. 반대로, 나 역시 말의 힘을 인지하지 못한다면 똑같은 실수를 하게 됩니다. 내 별것 아닌 말 한마디가 마음의 고통을 느끼고 있는 사람에게 비수를 꽂을 수도 있습니다.

만약 의사들이 언어의 역사를 공부한다면,
더욱 수월하게 꿈의 언어를 이해하고
번역할 수 있을 것이다.

「고대 언어에 나타난 대립적 의미」

프로이트는 고대 언어 중 한 단어가 반대의 뜻을 가진 단어를 내
포하고 있는 경우를 조사했습니다. '이중 의미'가 정신분석에서
강조하는 말의 역할을 잘 설명할 수 있기 때문입니다. 철학에서
논의되는 바와 같이, 고대 그리스어에서 파르마콘은 현대어에서
처럼 약을 의미할 수도 있지만, 동시에 다른 문맥에서는 독을 뜻
하기도 합니다. 말 역시 약이 될 수도, 독이 될 수도 있으며, 같은
말이 다른 문맥에서 정반대의 역할을 수행할 수도 있습니다. 프
로이트는 모든 사람이 말과 꿈을 분석하는 세상을 꿈꾸었습니
다. 병원에서는 의사가 환자의 중심 표상을 분석하고, 집에서는
가족들이 서로의 말에 귀를 기울이며, 친구와 함께 어젯밤 꿈 이
야기를 분석하는 세상이라면, 사람들이 조금 더 무의식의 진실
에 다가갈 수 있을 것입니다.

한 환자가 영어로만 말했던 시기가 있었는데,
그때 그녀는 이 새로운 치료를
'말하기 치료(talking cure)'라고 불렀으며,
가끔은 농담조로 '굴뚝 청소(chimney sweeping)'라는

165

표현을 쓰기도 했다.

『정신분석에 관한 다섯 번의 강의』

프로이트의 선배 의사인 요제프 브로이어는 베르타 파펜하임이라는 환자를 '말'로써 치료했는데, 그때 파펜하임은 말로만 하는 이 이상한 치료를 '말하기 치료'라고 불렀습니다. 20대 중반이었던 프로이트는 브로이어와 파펜하임의 치료를 관찰하며 말의 힘을 깨닫게 됩니다. 더 이상 할 말이 없을 만큼 시원하게 말을 쏟아 냈을 때, 마음이 청소된 것 같은 후련함을 느끼게 되며, 문제가 되던 증상이 호전된다는 것을 알게 된 첫 번째 사례입니다. 우리는 친한 친구에게 모든 것을 털어놓고 나서 안도의 한숨을 내쉬기도 합니다. 말하기 치료에는 내 말을 들어줄 사람이 필요합니다. 물론 누구보다 먼저, 거울처럼 내 모든 걸 비춰 주고 수화기처럼 내 모든 말을 편견 없이 들어줄 그 사람은 나 자신이어야 합니다.

정신분석가는 멘토의 역할을 담당하지 않는다.
환자는 스스로 자신에 관한 결정을 할 수 있어야 한다.

『정신분석학 입문 강의』

분석가는 멋진 존재, 대단한 존재, 괜찮은 사람이고 싶은 마음을 버릴 수 있어야 합니다. 내 이미지가 더 중요하다면, 그는 치유자가 아닙니다. 환자를 이끌어 줄 수 있는 멘토, 올바른 조언을 해 주고 환자를 바른길로 인도하는 모범적인 인간도 분석가를 묘사하는 적절한 표현은 아닙니다. 분석가는 환자를 위해 대신 결정해 주거나, 환자의 마음을 돌리려고 애쓰거나, 환자가 자신의 잘못을 깨닫게 하고 뉘우치게 하는 역할을 맡지 않습니다. 분석가는 환자가 모든 것이 불확실한 막막함 속에서, 그럼에도 불구하고 스스로 자신과 관련된 일들을 결정할 수 있도록 돕는 조력자입니다. 분석가는 그냥 거울이면 됩니다. 거울이나 수화기는 따뜻함이나 든든함보다는 그 기능이 더욱 중요한 대상들입니다.

분석가의 과제는 남겨진 흔적들로부터
잃어버린 이야기를 알아내는 것인데,
더욱 정확하게 말하자면,
망각된 것을 구성하는 것이다.

「분석을 통한 구성」

말해야 하는 사람은 환자 자신입니다. 누군가가 내 이야기를 대신 해 주거나 어떤 이야기를 해야 하는지 그 방향을 제시해 줄 수는 없습니다. 모든 것을 나 스스로 해야만 합니다. 이야기를 알아내는 사람은 환자 자신입니다. 그런데 여기서 잃어버린 기억을 되찾는 과정은 하나의 이야기를 만드는 여정이기도 합니다. 환자의 해석 속에서 이야기의 의미가 계속 변화하기 때문입니다. 한 사람이 과거에 내게 한 말은 저주로 기억될 수도 있고, 시간이 흘러 훗날에는 축복으로 재해석될 수도 있습니다. 프로이트는 의미가 변하는 경우, 무엇이 진실인가라는 질문은 중요하지 않다고 말합니다. 환자가 구성해 낸 기억이 환자의 현재에 도움이 되고 그가 미래로 나아가는 데 중요한 역할을 한다면, 그 기억은 진실로 간주되어야 합니다.

분석을 통한 구성 작업은 정확히 말하자면
의미를 재구성하는 작업이며,
고고학자가 파괴되어 묻혀 버린 주거지나
오래된 건축물을 발굴하는 과정과
유사하다고 할 수 있다.

「분석을 통한 구성」

표상 하나를 오래 들여다보며 그 의미를 분석하는 과정은 고고학의 발굴 과정과 유사합니다. 땅속에 묻혀 있던 표상을 조심스레 꺼내 원래의 모양을 복원해 주어야 합니다. 죽은 것에 생기를 불어넣고 평면에서 입체를 구현해 내며 당시 삶의 모습을 그려 내야 합니다. 그렇게 과거가 살아납니다. 그 전까지 과거의 표상은 어떤 감정도 불러일으키지 못하는 외부의 사물처럼 간주되는데, 내가 이야기를 불어넣는 순간, 표상은 내 안으로 들어옵니다. 표상에 혈관이 이어지고, 온 마음으로 혈액이 공급되며, 잘려 나갔던 이야기가 내 현재의 삶과 이어집니다. 그렇게 되면 현재 속

많은 부분이 함께 의미를 부여받습니다. 그리고 내가 왜 그렇게 행동했는지, 왜 이런 말을 자주 하는지, 왜 그 사람을 만나면 불편했는지 설명할 수 있게 됩니다.

어머니는
우리 모두의 첫 번째 사랑 대상이다.

『정신분석학 입문 강의』

어머니라는 표상은 가장 많은 의미를 부여받고 가장 자주 재구성되는 대상입니다. 어머니는 증오의 대상이었다가 다음 순간 사랑의 상징이 됩니다. 나는 어머니를 원망하고 사랑하고 미워하고 그리워합니다. 어머니에게 미안하고 어머니 때문에 속상하며 어머니를 위해 내 삶을 살기도 합니다. 매번 의미를 재구성하며 어머니와의 추억을 불러냅니다. 오늘은 아름다운 모습으로 기억이 돌아왔지만, 내일은 동일한 기억이 내게 괴로움을 불어넣을 것입니다. 어머니라는 표상을 해석하는 것이 이렇게 어려운 이유는 어머니가 우리 모두의 첫 번째 사랑 대상이기 때문입니다. 아버지, 할머니가 최초양육자인 경우, 이분들에 대해서도 우리는 양가감정을 가질 수 있지만, 여전히 어머니의 부재는 내가 해석해야 하는 문제로 마음에 남습니다.

최초의 불안은
어머니로부터 분리되는 경험에서 시작된다.

『억제, 증상, 그리고 불안』

우리는 어떤 것 때문에 불안하다고 생각합니다. 그런데 프로이
트는 불안을 느꼈기 때문에 다양한 행동들을 하게 되는 것이라
고 설명합니다. 삶이 시작하는 그 지점에 불안이 있었다는 뜻입
니다. 그것이 처음부터 우리와 함께 있었다면, 불안을 사라지게
만들 수 있는 방법은 없습니다. 우리가 어머니로부터 분리되며
처음 세상을 만날 때, 우리의 존재는 불안으로 채워집니다. 불안
은 삶 그 자체입니다. 극심한 불안에서 삶이 시작되었으며, 가능
한 한 조금이라도 불안을 경감시키고자 많은 일을 하게 됩니다.
하지만 불안을 모두 없애는 것은 가능하지 않습니다. 우리는 자
라면서 불안이 증폭되는 경험을 하게 되는데, 최초의 불안을 상
기시키는 모든 사건이 여기에 포함됩니다. 우리는 최초의 분리
와 그때 느꼈던 불안을 실제로 기억하지는 못합니다.

우리가 처음 맞닥뜨리는 불안은
어머니로부터 분리되는 경험이다.

『정신분석학 입문 강의』

최초의 분리와 최초의 불안은 이론적 전제로서 우리가 상상 속
에서 가정할 수밖에 없는 사건입니다. 그 후 의식이 처음 맞닥뜨

리는 불안은 최초양육자가 자신을 떠나는 경험과 관련됩니다. 내 몸의 일부 같은 사람이 사라지면, 우리는 죽음과도 같은 공포를 느끼게 됩니다. 언제나 우리와 함께하게 될 불안을 이때 잘 길들이지 못하면, 그는 앞으로 불안을 자극하는 모든 분리로부터 고통받게 됩니다. 어머니의 부재보다 더 심각한 문제를 초래하는 사건은 부재하지 않는 어머니입니다. 혼자 남는 경험과 그때 느끼는 불안은 타인으로부터 독립하는 첫 단계로서, 이 과정을 잘 겪어 내며 우리는 성인이 됩니다. 만약 최초양육자가 한 번도 자리를 비우지 않는다면, 내 일거수일투족을 매 순간 살피며 언제나 함께 있다면, 더 큰 문제가 초래됩니다.

어둠 속에서 어머니를 기다렸던 기억은 어둠에 대한 공포로 변환된다.

『정신분석학 입문 강의』

혼자 남는 것은 늘 고통스럽습니다. 언제나 나와 함께 있어 주며, 답을 알려 주고, 문제를 해결해 주고, 어둠 속에서 나를 구해 주는 사람이 사라지는데 마음이 평온할 사람은 없습니다. 그 경험과 관련된 모든 기억이 공포로 변환될 수도 있습니다. 최초양육자는 어떤 방식으로든 기다리는 아이에게 자신이 돌아온다는 걸 알려 주어야만 합니다. 적어도 아이의 마음속에서 그가 함께 있다는 걸 알려 주고 아이가 불안과 관련된 표상들과 싸울 수 있도록 도와주어야 합니다. 그렇지 않다면 아이는 무의식 속에 각인되어 있는 최초의 불안을 소환하여 견딜 수 없는 고통을 느끼게 됩니다. 불안이 견딜 만한 것이라는 사실을 알려 주는 것은 부모의 의무입니다. 어둠 속에서 어머니를 기다렸던 아이가 어머니의 비명, 아버지의 욕설을 듣게 되어서는 안 됩니다.

불안을 결정하는 요인을 조금 다르게 설명하자면,
우리는 대상이 결여되어 있을 때 또는
대상을 상실했을 때가 아니라,
대상의 사랑을 상실했을 때 불안을 느끼게 된다.

『억제, 증상, 그리고 불안』

리비도가 다른 사람에게 부착되면 내 마음과 그 사람의 마음이 이어집니다. 이것은 에로스가 작동하고 있는 상황입니다. 프로이트는 에로스를 삶충동으로 번역합니다. 삶충동은 내면의 에너지에 방향성을 부여하여 리비도가 타인에게 흘러가도록 만들어 줍니다. 에로스는 궁극적으로 외부의 대상에 대한 사랑을 뜻합니다. 대상에 대한 요구는 언제나 대상의 사랑에 대한 요구입니다. 대상을 잃었을 때 우리가 고통받는 이유는 대상의 사랑을 잃었기 때문입니다. 빈자리라는 표현은 그 대상이 더 이상 존재하지 않는다는 뜻이 아닙니다. 그곳에서 내게 말을 걸어 주고, 나를 바라보고, 내게 미소 짓던 그 사람이 더 이상 그곳에 없다는 뜻이

며, 그것은 더 이상 그의 사랑을 느낄 수 없는 상황을 가리킵니다. 사랑의 상실은 불안을 증폭시킵니다.

애도는 보통
사랑하는 사람의 상실에 대한 반응이다.

「애도와 우울증」

빈자리를 채울 수는 없습니다. 그러나 우리는 적어도 그 고통이 최초의 불안을 만나 악화되는 것은 막을 수 있습니다. 빈자리에서 불안을 견딜 수 있는 방법은 우리가 상실한 대상을 애도하는 것입니다. 애도는 그 대상을 잘 보내는 의식을 포함합니다. 애도의 시간을 통해 우리는 우리가 잃은 대상이 돌아오지 않는다는 것을 받아들이게 됩니다. 잘 보내지 못하면 대상의 부재는 더욱 고통스럽게 느껴집니다. 애도는 대상에 부착했던 리비도를 내부로 회수하고, 상실한 대상을 잘 보내 준 후, 새로운 외부 대상에 에너지를 전달하는 과정으로 구성됩니다. 이것은 다시 누군가를 사랑하게 되는 여정이며, 다시 삶을 사랑으로 채우는 과정이기도 합니다. 물론 어느 누구도 우리가 상실한 대상을 대신할 수는 없습니다.

우리가 누군가를 잃었을 때,
사랑하는 사람이 더 이상
존재하지 않는다는 것을 깨닫게 되면,
대상에 부착되었던 모든 리비도가 철회된다.

「애도와 우울증」

한 사람을 사랑한다는 것은 우리 내면의 리비도가 세상 속 누군
가에게 흘러들어 가고 그의 삶과 내 삶이 이어진다는 뜻입니다.
에너지는 세상 속에서 점차 확장되어 더 많은 사람을 만나게 됩
니다. 에로스가 작동하고 있다는 뜻입니다. 그러나 어느 순간 에
로스의 빛이 꺼지기도 합니다. 세상에는 이유를 알 수 없는 일들
이 일어납니다. 이성과 논리로 설명할 수 없는 비극 앞에서 우리
의 삶이 멈추게 되기도 합니다. 사랑하는 사람을 잃었을 때, 우리
의 눈앞에서 기존의 세상은 사라집니다. 사람도 사물도 빛도 사
라진 세상은 더 이상 아무것도 남지 않은 듯 보입니다. 그 사람이
없다면 무엇도 의미가 없기 때문입니다. 나는 대상에 부착되었
던 리비도를 회수하고, 이와 동시에 세상에 대한 관심 역시 거두
어들이게 됩니다.

애도 작업이 완수되면 자아는 다시 자유로워지며,
더 이상 제약을 받지 않게 된다.

「애도와 우울증」

애도 작업에는 시간이 걸립니다. 이미 상실한 대상인데, 우리는 여전히 그 사람의 눈빛과 목소리와 촉감을 기억합니다. 여기 없는데도, 그 대상은 늘 우리와 같이 있습니다. 대상이 존재하지 않는다는 사실을 믿고 싶지 않습니다. 대상을 온 마음으로 부여잡고, 가능한 한 이별의 시간을 늦추려는 사람처럼 그 대상을 놓지 않습니다. 마치 대상을 상실하지 않은 것처럼 그의 자리를 보존합니다. 이 상태에서 자아는 외부의 대상을 선택할 수 없습니다. 대상의 자리가 비어 있지 않기 때문입니다. 애도 작업은 대상을 놓아주는 과정입니다. 그것이 대상을 진정으로 간직하는 방법이기도 합니다. 애도를 통해 무의식의 중심에서 좋은 표상으로 자리 잡은 대상은 이제 내 소원을 응원하는 지원군이 되며, 자아의 선택을 이끌어 내는 원동력이 됩니다.

일반적인 애도의 기간은 1-2년 정도 지속되지만, 병리적인 사례에서는 슬픔이 무한히 지속된다.

『강박 신경증 사례에 대한 주석』

애도 기간은 정해져 있지 않습니다. 1-2년보다 더 오래 우리의 시간이 멈추어 있기도 합니다. 그러나 우리를 사랑했던 사람들이 우리에게 남긴 좋은 표상의 힘으로 우리는 다시 삶을 이어 갈 용기를 냅니다. 그들은 기꺼이 우리가 자신들을 놓아주길 바랍니다. 우리가 그들을 영원히 기억할 것임을 알기 때문입니다. 이것은 대상과의 건강한 관계 속에서 가능한 일입니다. 애도 작업이 끝나면, 우리는 슬픔을 극복하고 다시 앞으로 나아갈 수 있게 됩니다. 그러나 슬픔과 달리 극복되지 않는 절망이 있습니다. 프로이트는 슬픔이 극복되지 않고 시간이 영원히 멈추어 정지되는 듯한 절망을 우울이라고 불렀습니다. 우울은 애도의 과정이 수반되지 않는 슬픔을 가리킵니다. 자아는 모든 에너지를 잃은 채 어떤 대상도 사랑할 수 없는 상태가 됩니다.

상실은 누군가의 죽음만을 뜻하는 말이 아니다.
우리는 더 이상 그 대상을 사랑할 수 없는 상황도
상실로 받아들인다.

「애도와 우울증」

이제는 나를 사랑하지 않는 사람 앞에서 나는 상실을 경험합니다. 프로이트는 우리가 경험하는 모든 종류의 상실을 애도할 수 있어야 한다고 말합니다. 이루어지지 않은 소원은 언제나 우리에게 상처가 되며, 애도 작업이 없다면 그 상실은 우리를 해치게 됩니다. 사고 후 내 몸이 그 전 상태로 돌아갈 수 없게 되었을 때, 내가 상실한 부분을 애도하지 못하면, 나는 새로운 삶을 시작할 수 없습니다. 애도 작업을 통해 우리는 우리가 잃은 대상에 대한 가장 멋진 기억을 무의식에 잘 간직한 후 그 대상에 작별을 고하고, 지금까지와는 다른 삶을 만들어 갈 수 있게 됩니다. 갇혀 있던 에너지가 외부로 흐르고, 자아는 다시 지혜롭게 선택하고 결정하며 내가 다른 사람과 이어질 수 있게 나를 이끌어 줍니다.

우울의 경우,
그는 자신이 누구를 잃었는지는 알고 있지만,
자신 속에서 무엇을 상실했는지는 알지 못한다.
슬픔은 무의식 속에서의 상실과는 무관한 반면,
우울의 경우, 대상 상실이 의식에서 철회된다.

「애도와 우울증」

우울 역시 중층결정됩니다. 애도하지 못한 상실이 중첩되면, 그 무게를 감당하는 일이 더욱 어렵게 됩니다. 애도되지 못한 대상은 무의식 속에서 의식이 이해할 수 없는 방식으로 우리에게 돌아옵니다. 현실 속에서 대상의 상실을 다시 경험하게 될 때, 그는 말로 설명할 수 없는 절망 속에 갇히게 됩니다. 이해할 수 없는 고통이 그를 짓누르고, 모든 에너지가 회수되어 세상과 점점 더 멀어집니다. 의식은 왜 그런 고통을 느끼게 되는지 이해하지 못합니다. 그는 자신의 삶 자체에서 관심을 철회합니다. 이 경우, 우리는 우리가 상실한 대상들을 시간순으로 하나씩 되찾아 애도 작업을 해 나가야 합니다. 해결되지 않은 큰 상실이 무의식에 자리잡고 있다면, 그 이후의 상실은 기존의 문제들과 합산되어 애도의 과정을 더욱 어렵게 합니다.

슬픔의 경우, 세상이 빈곤해지고 공허해지지만,
우울의 경우, 자아가 피폐해진다.

「애도와 우울증」

슬픔과 달리 우울은 나 자신을 파괴합니다. 슬픔에서는 에너지가 자아 속으로 회수된 후 애도의 과정을 거치며 다시 대상에 부착될 수 있는데, 우울은 자아 속에서 이해할 수 없는 일이 일어납니다. 프로이트는 자아에 대상의 그림자가 드리운다고 표현하는데, 그렇게 되면 자아는 분열되어 마음속에서 에너지를 소진하게 됩니다. 대상을 보낼 수 없는 상태이므로 상실되어야 하는 대상이 자아의 한 부분을 차지하고 에너지를 사용합니다. 자아 속에서 나는 대상을 비난하고 대상은 나를 비난합니다. 나는 벗어날 수 없는 끔찍한 죄책감에 사로잡힙니다. 대상을 보내지 않는한 자아는 에너지를 자유롭게 사용할 수 없습니다. 자아 속 에너지는 자아를 파괴하는 데 사용되고, 외부에 대한 모든 관심이 멈추며 삶의 관계들이 사라집니다.

우울 속에서 자신을 비난하는 사람을 보면,
어떤 자기 고발은 정당해 보이기도 하고, 다른 사람보다
더 예리하게 진실을 파악하고 있는 듯 보이기도 한다.
그러나 자신에 대한 극심한 비난 속에서 자신을 하찮은
이기주의자, 정직하지도 않고 독립적이지도 않은 인간, 타고

난 나약함을 숨기느라 급급한 사람이라고 말한다면,
그가 진실을 말하고 있든, 아니면 말도 안 되는 말을 하고
있든 그는 병든 사람이다.

「애도와 우울증」

내가 나 자신을 비난할 때, 친구는 그렇지 않다고 말해 줍니다. 나는 이기적인 사람이 아니며, 왜 그렇게 생각할 수밖에 없는지 이야기합니다. 그런데 프로이트의 대응은 이와 다소 다릅니다. 그는 당신이 이기주의자일 수 있고, 정직하지 않은 사람일 수도 있으며, 독립적이지도 않고, 타고난 나약함을 숨기느라 급급한 사람일 수도 있지만, 만약 자기 자신에 대해 그렇게 말한다면 당신은 아픈 사람이라고 이야기합니다. 그가 하는 말이 진실인가 그렇지 않은가보다 더 중요한 사실은 건강한 사람이라면 절대로 자신을 이와 같은 가차 없는 말로 해치지 않는다는 것입니다. 나는 그렇게 단순하지 않습니다. 원인과 사연에 대한 어떤 이야기도 없이 나를 그렇게 몰아붙인다면, 그 태도는 내가 내 적이라는 사실을 드러내는 증거입니다.

꿈을 해석한다는 것은
꿈에 의미를 부여한다는 뜻이다.

「꿈의 해석」

꿈은 내가 내 편인지, 아니면 내 최악의 적인지를 알려 줍니다.

꿈과 소통하기 위한 전제는 꿈에 의미가 있다는 사실을 이해하는 것입니다. 모든 꿈은 나 자신의 내밀한 표상으로 구성되며, 꿈속 표상은 모두 의미를 가지고 있습니다. 그 의미를 이해하는 과정이 꿈의 해석이며, 꿈을 해석하는 방법론이 꿈분석입니다. 꿈분석은 언어를 통해 진행됩니다. 꿈의 표상들을 들여다보면 그곳에 애도되지 못한 대상, 해결해야 하는 문제, 좌절된 소원이 있으며, 동시에 나는 그곳에서 나를 응원해 줄 대상과 삶의 원동력이 될 수 있는 중심 표상과 내 소원의 이야기를 만나게 됩니다. 꿈은 우울에서 슬픔으로 나아가는 여정을 보여 주고, 한 단계씩 우리를 소원의 방향으로 이끌어 줍니다. 다양한 상실의 경험을 하나씩 풀어낼 수 있는 곳 역시 꿈입니다.

깨어 있는 상태에서 의식이 현실의 당면 문제에 대해
고민하는 것과 마찬가지로,
꿈도 우리의 정신이 몰두하고 있는 문제를 풀기 위해
노력한다.

『꿈의 해석』

꿈과 현실은 같은 편입니다. 목표가 같다는 뜻입니다. 꿈은 현실의 문제를 전혀 다른 방식으로 풀어내기도 하고, 의식이 문제라고 생각하는 것을 별것 아닌 것으로 바꾸기도 하며, 의식이 간과하는 것을 가장 중요한 문제로 제시하기도 합니다. 접근 방법도,

해결 방식도 다르지만, 꿈과 현실은 문제의 해결이라는 동일한 목표 속에서 같은 방향으로 움직입니다. 꿈은 의식의 시간보다 더 긴 시간을 다룰 수 있으며, 의식이 지각하는 공간보다 더 넓은 공간을 대상으로 사유할 수 있습니다. 꿈은 삶의 모든 경험을 데 이터로 보유한 무의식이 현현하는 공간이기 때문입니다. 의식이 표면적인 문제 해결을 계획할 때, 꿈은 근본적인 변화를 촉구합 니다. 의식이 오판하면 꿈이 바로잡고, 의식이 놓치면 꿈이 되찾 아줍니다.

『꿈의 해석』의 집필을 마치고 나서야
이 책이 내게 어떤 의미인지 깨달을 수 있었다.
『꿈의 해석』은 나 자신에 대한 자기 분석의 일환으로
진행된 작업이었으며, 이 책을 통해 아버지의 죽음에 대한
의미를 알게 되었다. 아버지를 잃는다는 것은 한 사람의
삶 속에서 발생하는 가장 중요한 사건이자
가장 가슴 아픈 상실이다.

『꿈의 해석』

프로이트는 『꿈의 해석』 재판의 서문을 작성하며, 이 책이 아버 지께 올리는 편지였다는 것을 깨닫게 됩니다. 그는 아버지가 돌 아가신 후 아버지에 대한 일련의 꿈들 속에서 다시 아버지를 만 나고 관계를 회복할 수 있게 됩니다. 가끔 돌아가신 분들이 꿈을

방문할 때가 있습니다. 만약 생각하고 싶지도 않은 관계인 경우, 꿈을 잊어버리려고 애를 쓰거나 종일 화가 나 있는 상태로 하루를 망치기도 합니다. 또 너무나 그리워했으면서도 꿈에서 그분을 뵈었을 때 소리 지르며 화를 내고 깨기도 합니다. 프로이트는 우리가 풀어야 하는 관계의 문제가 반드시 꿈에 등장한다고 말합니다. 그럴 때 우리에게는 두 가지 선택이 주어집니다. 우리는 도망칠 수도 있고, 꿈을 방문한 그분과 대면하여 이야기를 나눌수도 있습니다.

지금에 와서 다시 펼쳐 보아도
『꿈의 해석』은 지금까지 내게 허락된 발견 중
가장 귀한 내용을 담고 있는 책이다.
이와 같은 통찰은 한 사람의 삶 속에서
단 한 번 허락되는 행운이다.

『꿈의 해석』

프로이트는 과학자입니다. 그래서 행운이나 요행, 우연은 언급하지 않습니다. 이론적 전제로 삼을 수 없는 이야기는 철저하게 배제하는데, 『꿈의 해석』에 대해서만큼은 행운이라는 단어를 사용합니다. 인간의 힘만으로는 가능하지 않은 작업이었다는 뜻입니다. 그런 통찰을 가능하게 만드는 영역이 바로 무의식입니다. 꿈은 우리가 무의식을 만나, 우리에 대한 이야기를 되돌려받는 장소입니다. 오랜 시간 꿈을 만나다 보면 무의식의 신비로움에 감탄하게 될 때가 많습니다. 무의식은 의식의 힘만으로는 도저히 할 수 없는 생각을 하고, 의식의 눈으로는 도저히 볼 수 없는 대상을 발견하며, 의식의 편견으로는 도저히 해결할 수 없는 문제를 풀어냅니다. 꿈이 가장 큰 힘을 발휘하는 순간은 의식과 무의식이 같은 방향을 바라보게 될 때입니다.

『꿈의 해석』의 원래 목적은
꿈의 본질에 대한 정보를 전달하는 것이었지만,
현재는 꿈에 대한 고집스러운 오해를 푸는 작업이
우리의 중요한 의무로 부상했다.

『꿈의 해석』

프로이트는 꿈 해몽 사전이 내 꿈을 분석할 수는 없다고 말합니다. 사람들은 한 권의 책으로 깔끔하게 꿈분석을 하고 싶어 하지만, 꿈분석은 오직 내 시간과 내 노력으로 개인적인 기억을 분석할 때만 가능한 작업입니다. 자유연상은 지겨운 과정처럼 느껴집니다. 뻔한 이야기만 나올 것 같은 느낌도 드는데, 막상 하나의 표상에서 시작하여 연상을 이어 가다 보면 꿈의 세부들이 연결되어 있다는 사실을 깨닫게 됩니다. 첫 부분의 두 사람과 두 번째 장면의 두 사람이 전혀 다른 인물들처럼 보였는데, 사실은 같은 맥락 속에서 움직이고 있다는 것을 알게 됩니다. 꿈속에는 부끄러운 욕망이 들끓고 있다는 생각도 흔한 오해 중 하나입니다. 꿈은 우리가 좋아하는 대상, 그리워하는 사람, 하고 싶은 일에 대한 소원을 그려 줍니다.

**꿈분석에서 관건은 꿈을 분석해 주는 사람이
특정 꿈에 대해 어떤 생각을 하는가가 아니며,
그보다는 꿈꾼 이에게 어떤 생각이 떠오르는가이다.**

「꿈의 해석」

프로이트가 『꿈의 해석』에서 제시하는 꿈분석 기법은 기존의 방식과 비교할 때 근본적인 부분에서 차이가 납니다. 보통은 꿈분석에 정통한 분석가나 내 꿈을 나보다 더 잘 아는 사람이 나를 위해 꿈을 분석해 주어야 한다고 생각하지만, 프로이트의 꿈분석 이론 속에서는 오직 꿈꾼 사람 자신만이 꿈분석 작업을 수행할 수 있습니다. 하나의 표상에 관련된 기억을 떠올리고, 다른 표상들로 자유연상을 이어 가는 작업을 대신해 줄 수 있는 사람은 없습니다. 이 세상에 나보다 나를 더 잘 아는 사람은 없습니다. 분석가는 꿈을 분석하는 길을 보여 주고 방법을 알려 줄 수 있을 뿐입니다. 모든 것은 내가 직접 해야만 합니다. 분석가가 내 꿈에 대해 어떤 생각을 하는지도 중요하지 않습니다. 꿈분석은 오직 나와 내 꿈의 관계 속에서 진행됩니다.

꿈에서 우리가 추적해야 하는 것은
우리가 받은 느낌이 아니며,
그보다는 표상들 사이의 관계이다.

「꿈의 해석」

제일 마지막에 꿈을 만드는 서사는 표상에 대한 진실을 알려 주지 않습니다. 오직 분석만이 꿈의 실제 의미를 드러냅니다. 왜 특정 표상이 떠올랐는지, 왜 그 표상과 함께 다른 표상이 배치되어 있는지, 하나의 표상에서 연상을 시작했는데 왜 중간에 특정 표상이 떠오르는지에 대해 이해하는 과정에서 우리는 꿈의 의미를 깨닫게 됩니다. 꿈속 모든 표상이 하나의 대상과 관련되어 있다는 것을 알게 되면, 꿈의 원래 서사가 사라집니다. 특정 꿈을 꾸고 난 후 슬프거나 무섭거나 공포스러운 느낌이 밀려오는 경우도 있는데, 표상 분석을 한 후 원래 서사가 해체되며 감정도 바른 길을 찾습니다. 그렇게 되면 처음 받았던 느낌 역시 사라집니다. 이제 꿈은 더 이상 슬프거나 무섭거나 공포스러운 이야기가 아닙니다.

꿈내용을 분석하여 꿈사고를 알게 되면
꿈의 수수께끼가 풀린다.

「꿈의 해석」

우리는 꿈내용과 꿈사고를 구분해야 합니다. 꿈내용은 깼을 때 기억나는 꿈의 내용이고, 각 표상을 분석하여 이해하게 된 내용이 꿈사고입니다. 프로이트는 우리가 꿈에서 어떤 감정을 느꼈을 때, 그것은 꿈내용이 아니라 꿈사고와 관련된 것이라고 말합니다. 왜곡에 의해 중요한 표상들이 가려져 있는 상태에서는 우리가 느낀 감정들을 이해하는 것이 가능하지 않습니다. 꿈에는 이상한 인물들이 등장해서 이상한 일들을 합니다. 내가 알 만한 인물, 할 만한 일, 갈 만한 장소가 아닌 경우도 많습니다. 그런데 이 낯선 관계 속에서 뭔지 모르게 매우 익숙한 느낌이 듭니다. 꿈을 분석하여 꿈사고를 이해하게 되면 그 이유를 알게 됩니다. 다양한 꿈의 재료를 이용하여 무의식은 자기만의 방식으로 나 자신에 대한 이야기를 하고 있었던 것입니다.

꿈분석 과정의 핵심은
꿈 전체를 대상으로 해석하기보다
꿈내용의 각 부분을 독립적으로 분석해야 한다는 것이다.
꿈은 다양한 자갈, 모래 등을 섞어 만든 역암이라고
볼 수 있으며, 그 내부를 구성하는 각각의 돌 조각들을
개별적으로 관찰해야만 한다.

『꿈의 해석』

프로이트는 꿈의 표상 역시 다양한 돌들이 시멘트질 물질에 의해 결합된 각력암과 유사하게 구성되어 있다고 말합니다. 그래

서 표상을 하나씩 들여다보면, 하나의 단어, 하나의 이미지 속에서 수많은 표상을 관찰할 수 있습니다. 꿈이 역암이고 각각의 돌조각 역시 그 자체가 각력암이라면, 표상의 분석은 영원히 끝날 수 없습니다. 그래서 꿈분석은 하나의 답에서 멈추지 않습니다. 자유연상을 이어 가면 언제나 그다음 단계로 나아가게 되며, 또 다른 이야기를 기억해 내게 됩니다. 그런데도 우리는 여전히 자주 꿈분석은 전혀 하지 않은 채 꿈내용을 답에 가장 가까운 해석으로 간주합니다. 꿈은 직관적으로 이해할 수 있는 연애편지가 아니라 풀어야만 답을 구할 수 있는 수학 문제입니다. 꿈은 설명서가 아니라 수수께끼입니다.

꿈은 이야기의 맥락에서 분리된 말들을 일단 조각낸 다음,
어떤 부분을 폐기하고 다른 부분을 선택한 후,
순서를 바꾸어 문맥을 만든다.

『꿈의 해석』

꿈사고를 조각낸 후 각 조각에서 특정 부분들을 선택하여 순서를 바꾸면 꿈내용이 됩니다. 이 과정을 거꾸로 되짚어가면 원래 어떤 생각에서 꿈이 만들어졌는지를 알 수 있습니다. 꿈 해석은 원래의 맥락을 찾아가는 여정이며, 분리되었던 표상들을 원래의 순서로 재배열하는 과정입니다. 희미하게 해석의 윤곽이 드러나면, 꿈사고를 이루고 있던 표상들이 다시 보입니다. 그리고 왜 그

인물이 갑자기 튀어나왔는지, 왜 이 대상이 나타났는지 이해하게 됩니다. 처음에는 꿈내용이 엉뚱해 보이지만, 꿈사고를 알게 되면 꿈의 표상들이 무엇을 의미하는지 이해하게 됩니다. 또는 꿈내용이 말이 되는 것처럼 느껴졌지만, 분석을 하는 과정에서 거기에 큰 구멍들이 나 있다는 걸 알게 되기도 합니다. 분석을 해 나가며 우리는 사라진 표상들을 복원할 수 있습니다.

꿈을 꾼 후 당신이 그 꿈에는 아무 의미도 없다고 말한다면, 그것은 당신의 마음이 그 꿈을 해석하는 작업에 저항하고 있다는 뜻이다.

『꿈의 해석』

약간의 문제가 감지될 때, 의식은 가능한 한 의미를 두지 않으려고 애씁니다. 기분 나쁜 시선, 나를 무시하는 듯한 제스처는 가능한 한 빨리 잊고 넘어가는 게 상책입니다. 재수가 없었다고 생각하며 넘기지 않고 매사에 상처를 받다 보면, 마음은 만신창이가 됩니다. 문제는 우리가 이 태도를 유지하며 나 자신의 이야기를 무시할 때가 있다는 것입니다. 의식이 가장 효율적으로 하루를 보내고자 할 때, 무의식은 잠시 멈추어 이 문제에 대해 생각해 보자고 말합니다. 무의식이 꿈을 만들어 의식에게 보여 주면, 의식은 아무 의미도 없다며 망각의 기제를 동원합니다. 꿈을 해석했을 때 무의식의 이야기가 드러나는데, 의식은 분석 자체에 저항하며 아예 꿈내용을 망각해 버립니다. 무의식이 비슷한 꿈을 다시 보내게 되는 이유입니다.

꿈을 분석해 가며
기존에 생략되었던 내용을 기억하는 경우가 있는데,
이와 같이 차후에 추가된 부분은
자주 꿈 해석의 단서를 제공한다.

『꿈의 해석』

꿈을 꾸고 난 후 꿈내용에 추가하게 되는 부분들이 있습니다. 말을 하면 할수록, 이미지가 조금씩 더 선명하게 보이고, 주위가 밝아지며 그때 했던 생각이 떠오르기도 합니다. 그렇게 꿈은 확장되는데, 우리는 이 모든 것을 다 꿈의 일부로 간주해야 합니다. 다른 사람과 함께 내 꿈을 나눌 때 타인의 코멘트를 내가 수정하게 되는 경우가 있습니다. '그런 게 아니라', '그 사람이 아니라', '그렇게 하지는 않았는데'라고 말하게 되는 이유는 나는 내가 설명한 것보다 그 장면을 꿈속에서 훨씬 상세히 경험했기 때문입니다. 이야기를 하다 보면 미처 언급하지 못했던 구체적인 세부들이 떠오르고 그 표상들을 더욱 상세히 묘사할 수 있게 됩니다. 자유연상을 통해 우리는 이와 같이 꿈의 범위를 확장해 나갈 수 있습니다.

꿈을 명확히 기억하는 것은 어려운 일이다.
우리는 그가 망각한 부분이나 회상하는 과정에서
바꾼 부분에 얽매이지 말고 꿈꾼 이가 말한 모든 것을
그의 꿈으로 간주함으로써 그러한 결함을 극복할 수 있다.

『정신분석학 입문 강의』

프로이트는 우리가 꿈에서 깬 후 하게 되는 생각들, 느끼게 되는 감정들의 상당 부분이 꿈사고와 관련될 수 있다고 설명하며 이 모든 것을 해석의 과정에 포함시켜야 한다고 말합니다. 꿈꾼 이는 어떤 부분은 기억이 나지 않는다고 말하거나, 아까 잘못 이야기했다고 말하기도 하는데, 꿈을 꾼 이후 추가한 부분을 다 꿈으로 간주한다면 우리는 꿈사고에 조금 더 가까이 다가갈 수 있게 됩니다. 꿈의 수수께끼가 풀릴 때쯤에는 망각되었던 부분의 형체가 드러나고, 말을 바꾸게 되었던 이유도 깨닫게 됩니다. 내가 망각한 표상, 표상을 숨기고자 하는 내 태도, 무의식의 시선을 돌리려는 의식의 노력은 모두 꿈사고와 관련됩니다. 꿈사고를 해석하는 순간, 꿈의 표상들뿐만 아니라 꿈에 대해 보였던 내 반응과 태도 역시 이해할 수 있게 됩니다.

꿈작업에는 대대적인 압축 과정이 포함된다.
꿈내용은 꿈사고와 달리 자주 길이가 짧고
그 내용이 불충분하며 매우 간결하지만,

**반쪽짜리 꿈내용에 들어 있는 꿈사고를 분석할 때
우리는 꿈내용을 수십 배의 분량으로 풀어낼 수 있다.**

『꿈의 해석』

꿈작업이란 꿈을 만드는 과정을 뜻합니다. 꿈작업에서 가장 중요한 단계는 압축과 전치입니다. 압축은 수많은 표상을 하나의 표상 속에 밀어 넣는 작업이고, 전치는 표상과 표상의 위치를 바꾸는 작업입니다. 이 두 과정을 통해 꿈사고가 꿈내용으로 바뀝니다. 꿈내용은 꿈사고에서 중요한 표상들을 덜어 내기도 하고, 사소한 표상들을 하나로 합치기도 하며, 중요한 표상을 별것 아닌 듯 보이는 표상 뒤에 숨기기도 합니다. 그래서 꿈은 자주 엉뚱하게 보이며 보통 길이도 짧습니다. 내용에는 허점이 많고 일관성이나 맥락도 파악하기 어려운데, 꿈내용 속 표상들을 하나씩 풀다 보면 우리는 표상 하나하나가 이야기보따리였음을 알게 됩니다. 문제는 이야기 속 표상들 역시 하나의 압축된 표상으로 간주할 수 있다는 것입니다.

**꿈속 압축작업을 가장 잘 관찰할 수 있는 곳은
꿈에 나타난 단어나 이름이다.
꿈은 자주 단어를 사물로 간주한다.**

『꿈의 해석』

꿈은 신조어를 만들어 냅니다. 한 번도 못 본 단어, 존재하지 않는 표현 등이 꿈을 방문할 때는 그 단어를 압축된 표상으로 간주하고 분석을 시작할 수 있습니다. 일반적으로 단어는 다른 단어와 연결되고 문장을 만들며 의사소통에 사용되지만, 수많은 압축된 표상을 담아내는 용기로 기능하는 단어는 그런 문맥에서 벗어나게 됩니다. 일단 하나의 의미를 가지지도 않고, 세상 어디에서도 유사한 단어나 단어의 활용을 찾아볼 수 없습니다. 내가 좋아하는 물건 두 개를 압축하여 하나의 단어를 만들거나, 두 사람을 합해서 한 사람의 이름을 만드는 과정에서 새로운 단어와 이름이 창조됩니다. 그래서 모르는 이름이나 이상한 모양의 단어가 나올 때는 무슨 의미인지 고민하기보다 이 표상이 무엇으로 구성되어 있는지 생각해 봐야 합니다.

하나의 단어는 수많은 생각이 만나는 지점이므로
의미의 모호함을 극복할 수 없다.
꿈만큼이나 신경증에서도 매우 자주 단어를 활용하여
의미를 압축하거나 왜곡한다.

『꿈의 해석』

압축이나 전치는 사실 모든 문장 속에서 작동하고 있습니다. 식재료나 음식을 마주할 때, 그 속에서 어머니를 만나게 될 때가 있습니다. 어머니께서 해 주시던 음식을 떠올리는 순간, 내 눈앞의 대상은 의미를 하나 더 가지게 됩니다. 물건들도 그것과 관련된

사람이 그 안에 자리잡고 있어서, 어떤 물건은 보기도 싫고, 어떤 물건은 특별히 좋아합니다. 그런데 뭔가 자연스럽지 않을 때가 있습니다. 예를 들어, 무엇이 압축되어 있는지 의식이 알지 못하는 경우가 있고, 이유 없이 물건을 두려워하게 되기도 합니다. 치유란 그 물건에서 두려움이 사라지는 과정을 뜻합니다. 같은 물건이 다른 맥락, 다른 경험 속에서 다른 사람과 연결되면 물건 속에 압축되어 있던 구성 요소가 변화하게 되고, 이와 함께 물건의 의미도 바뀝니다.

꿈이 형성되는 과정에서,
단어의 철자보다는 라임을 맞출 때와 같이
단어의 발음이 더 중요할 때가 있다.

『꿈의 해석』

자유연상을 할 때 우리는 보통 표상의 의미에 초점을 맞추어 다음 표상을 불러냅니다. 그런데 의미보다는 표상의 모양이나 소리를 관찰해야 하는 경우도 있습니다. 유사한 음절, 비슷한 발음을 중심으로 다시 연상해 보면 전혀 다른 표상을 만날 수 있습니다. 이와 같이 꿈이 단어를 사물처럼 다룰 때 단어에서 의미를 제거하고 모양이나 소리만 이용하는 경우가 있습니다. 꿈은 랩에서 라임을 맞추듯이, 단어의 발음만을 활용하여 무의식의 이야기를 전달하기도 합니다. 우리는 분석이나 해석에서 의미가 가장 중요하다고 생각하는데, 프로이트는 마지막 해석이 나올 때까지 모든 의미를 보류하고 다양한 방식으로 표상을 관찰해야 한다고 조언합니다. 심지어 단어의 의미보다 단어의 발음이 더 중요하다고까지 말합니다.

꿈분석이 만족스럽고 해석에 어떤 틈도 보이지 않는 경우라 할지라도 그 꿈에서 우리는 또 다른 의미를 발견할 수 있다.

『꿈의 해석』

우리는 가능한 한 모든 분석을 깔끔하게 빨리 끝내고 정확한 꿈의 의미를 알고 싶어 합니다. 서치 엔진을 이용하여 꿈을 명쾌히 분석하고 내 꿈의 의미를 쉽게 이해할 수 있다면 꿈분석이 재미있을 것도 같습니다. 그러나 쉬운 길은 답이 아닐 확률이 높습니다. 수많은 망설임과 갈등, 그리고 소원과 소원의 좌절 속에서 만들어진 한 편의 꿈을 한 번에 쉽게 해석하는 것은 가능하지 않습니다. 물론 꿈의 메시지를 수월하게 전달받을 수 있는 꿈도 있지만, 우리가 해석한 꿈의 전갈은 꿈속에 들어 있는 수많은 의미 중 하나일 뿐 하나의 답은 아닙니다. 꿈을 다시 읽어 보며 내가 전혀 시선을 주지 않았던 표상이 있는지 살펴본 후, 무의미해 보이는 표상 하나를 선택하여 연상을 시작하면 꿈은 다시 우리에게 새로운 의미를 선물합니다.

꿈속에서는 심리적 긴장의 강도가
전이되거나 전치된다.

『꿈의 해석』

현실에서는 심각할 만한 일인데 꿈에서는 아무 감정이 느껴지지 않거나, 애착을 가진 물건이 아닌데 내가 너무나 소중하게 여기는 경우도 있습니다. 맥락 없이 특정 대상의 등장에 소름 끼치는 느낌을 받거나, 분명히 화가 날 만한 상황인데 꿈에서는 이에 대해 아무것도 문제 삼지 않습니다. 꿈이 에너지의 위치를 바꾸기 때문입니다. 자리가 바뀌는 전치 이외에 꿈이 자주 사용하는 방법은 다른 인물에게 특정 감정과 관련된 관계를 덧씌우는 것입니다. 나는 아버지를 향한 분노를 내 꿈에 나타난 상사에게 쏟아낼 수 있습니다. 꿈은 결코 다 말하지 않습니다. 그림 퍼즐처럼 한 부분을 비워 놓고 우리에게 수수께끼를 냅니다. 문제는 퍼즐의 다른 부분들도 압축, 전치, 전이에 의해 감정과 표상이 뒤섞여 있는 상태라는 점입니다.

꿈전치와 꿈압축 활동이
꿈형성 과정을 관장하는
주요 요소들이다.

『꿈의 해석』

꿈, 일상생활 속 언어, 농담은 모두 전치와 압축이라는 메커니즘을 주요 도구로 사용하여 서사를 만들어 냅니다. 우리는 우리가 생각한 것을 투명하게 그대로 말하지 않습니다. 우리가 한 말을 분석하면, 그 속에는 우리가 어떤 생각을 했는지, 어떻게 느꼈는지를 알려 주는 표상들이 들어 있습니다. 아무 의도 없이 쓴 단어인데, 특정 단어들은 내가 그 사람을 불편하게 느낀다는 사실을 알려 주기도 합니다. 이와 같이 우리가 일상적으로 사용하는 언어 속에서도 표상의 전치와 압축은 작동하고 있습니다. 농담을 만들 때는 의식적으로 압축과 전치를 더 많이 활용하게 되며, 꿈의 경우에는 압축과 전치가 가장 적극적으로 사용되는 동시에 그 과정이 무의식적입니다. 이 과정을 되짚어 풀어 갈 때 우리는 마음속 생각들을 되돌려받을 수 있습니다.

근본적으로 꿈은 수면이라는 상황에 의해
가능해진 사고의 특정 형식이다.
그러한 형식을 가능하게 만든 것이 바로 꿈작업이며,
꿈작업만이 꿈을 만드는 과정의 핵심이다.

『꿈의 해석』

『꿈의 해석』이라는 제목 때문에 사람들은 이 책이 꿈을 해석해 주는 해몽서라고 오해합니다. 그러나 프로이트는 이 책을 누군가의 꿈을 해석해 주기 위해 쓰지 않았다고 말합니다. 그는 꿈을 만드는 과정인 꿈작업을 과학적으로 연구했으며, 『꿈의 해석』을 집필하며 꿈작업의 구성 요소를 밝히는 것을 주목표로 삼았습니다. 꿈은 신의 계시에 의해 만들어지는 메시지가 아니라 압축과 전치를 통해 형성되는 창조적 생각입니다. 압축과 전치는 미래를 예지하는 능력을 가진 신비한 도구가 아닙니다. 꿈작업이란 마음이 내게 들려주는 나 자신에 대한 이야기로서, 꿈의 서사는 내 미래에 대한 예언이 아니라 내 과거에 대한 나 자신의 해석을 담고 있습니다. 꿈작업을 풀어 가며 나는 내가 몰랐던 나에 대한 이야기를 되돌려받게 됩니다.

꿈을 해석할 때 우리는 꿈작업이 파괴한 연결 지점들을 복원해야만 한다.

『꿈의 해석』

영화 편집에서 숏을 나누고 이어 붙이는 작업처럼, 꿈작업은 마음속 표상들을 자른 후 자리를 바꾸거나 압축하여 새로운 장면들을 만들어 냅니다. 꿈을 해석할 때 우리는 장면이 전환되는 지점을 다시 잘라 내고 디졸브나 페이드 인, 페이드 아웃에 의해 파괴되었던 숏들을 가능한 한 복원해 냅니다. 사라진 숏들이 바로 우리가 자유연상을 통해 찾아내는 표상들입니다. 다섯 번째 숏에서 시작한 연상 속에서 두 번째 숏과 이어지는 표상이 나타난다면, 우리는 5번과 2번을 이을 수 있게 됩니다. 이러한 방식으로 조각들이 재배열되고 틈이 좁혀져 가면 꿈사고가 서서히 드러납니다. 물론 아무리 오래 연상을 이어 가도 메워지지 않는 부분이 있으며, 자리를 찾지 못하는 숏들이 남게 마련입니다.

꿈사고가 꿈으로 드러나기 위해서는 저항에 의해 작동된 검열을 피할 수 있어야 한다.

『꿈의 해석』

검열은 내가 나 자신에게 하는 거짓말입니다. 내가 내 편이 아닌 상태라고 표현할 수도 있습니다. 나는 내가 내 소원에 접근하는 것을 있는 힘껏 막아 냅니다. 나는 의식과 자아의 통제에 복종하며, 문제의 싹을 가능한 한 모두 잘라 내고자 노력합니다. 물론 완벽한 검열은 가능하지 않습니다. 소원의 힘이 의식의 힘보다 강하기 때문입니다. 아무리 쳐내고 흐트러뜨려도 검열을 피해 꿈에 드러나는 소원의 표상들이 있습니다. 낯설지만 동시에 친숙한 소원의 표상이 감지될 때, 우리에게는 두 가지 선택이 주어집니다. 하나는 검열을 강화하고 모든 에너지를 소비하여 낯선 표상들을 다시 밀어내는 것이고, 다른 하나는 용기를 내어 소원의 표상이 있는 곳에 머물며 함께 검열을 극복하는 것입니다.

잠을 지속하고픈 소원은
꿈이 생성되는 이유 중 하나라고 할 수 있다.

『꿈의 해석』

잠은 우리가 온전히 자유로운 유일한 상태입니다. 잠자는 동안 우리는 누구의 시선도 신경 쓸 필요가 없고, 누구의 간섭도 받지 않습니다. 그러나 오직 나만을 위한 이 평온한 시간 속에서도 우리는 여전히 해결되지 않은 현재의 문제들과 불편한 관계와 부담스러운 시선을 기억합니다. 빨리 일어나 수행해야 하는 의무들이 있고, 내일 중으로 해결하지 않으면 낭패를 당하는 일들도 있습니다. 잠에서 깨어나지 않으면서도 동시에 의무를 수행하고 문제를 해결해야만 한다는 생각을 잠재울 수 있는 유일한 방법은 잠을 자는 동안 의무를 수행하고 문제를 해결하는 것입니다. 꿈이 바로 이 역할을 담당하게 됩니다. 꿈은 문제의 해법에 대한 다양한 시뮬레이션을 구성하여 우리가 몇 시간 앞서 문제를 대면하도록 돕습니다.

우리가 꿈을 꾸는 방식 역시 매우 자주 어떤 이야기를
전하기 위한 목적을 가지고 있다.

『꿈의 해석』

꿈속에서 또 꿈을 꾸거나, 하룻밤에 몇 개의 꿈이 연속적으로 나타나기도 합니다. 몇십 년에 걸쳐 반복되는 꿈도 있습니다. 꿈의 내용을 구성하는 표상뿐만 아니라 꿈이 나타나는 형태나 꿈을 꾸는 방식 또한 꿈분석에서 중요한 역할을 합니다. 하룻밤에 일련의 꿈들을 꾸게 되는 경우, 각각의 꿈이 같은 이야기를 다른 방식으로 반복하고 있다는 것을 깨닫게 될 때가 있습니다. 또 동일한 문제를 푸는 서로 다른 해법이 각각의 꿈에 등장하기도 합니다. 20년 동안 다양한 물, 불, 산 등의 이미지가 변주되며 꿈에 나타나기도 하는데, 어떤 시기에 어떤 이미지가 나왔는지 정리해 보면, 꿈이 내 상태에 따라 변화하고 있었다는 것을 알게 됩니다. 내가 꿈속 인물로 등장하지 않는 꿈, 내가 주인공이거나 방관자인 꿈도 비교하여 생각해 볼 수 있습니다.

억제되었던 것이 꿈의 추동력이 된다.

『꿈의 해석』

의식은 참지만 꿈은 참지 않습니다. 의식이 추방해 버린 생각은 꿈에 찾아와 내게 말을 겁니다. 의식이 억제하면 할수록, 소원의 힘은 통제된 표상들에 더 큰 에너지를 불어넣습니다. 힘을 얻은 표상들은 그 존재를 알리기 위해 모든 방법을 동원합니다. 닫힌 문을 열고 현실로 복귀하는 데 실패한다면, 표상들은 꿈을 방문합니다. 꿈은 의식과 무의식이 만날 수 있는 중간 지대로, 산 자와 죽은 자가 함께 있고, 망각된 것과 다가올 것들이 뒤섞여 있습니다. 이런 노력에도 불구하고 우리는 표상을 다시 밀어내 버릴 수 있는데, 그 방법은 꿈을 망각하는 것입니다. 이 결정과 함께, 하고 싶은데 하지 못했던 것들, 말하고 싶었지만 마음을 접은 이야기, 그립지만 만나지 못한 사람들이 모두 사라집니다.

꿈은 추상적인 생각을 이미지로 표현한다.

「꿈의 해석」

꿈작업은 꿈사고를 이미지로 구성해 냅니다. 그림 한 점을 이해할 때, 우리는 그림 속 다양한 세부들과 그림의 배경 및 작가의 의도를 떠올리며 내 앞에 있는 그림이 무엇을 뜻하는지 분석할 수 있습니다. 이때 두 가지 문제가 있는데, 하나는 이미지를 언어로 설명해 내야 한다는 것이고, 다른 하나는 언어를 통한 분석에서 하나 이상의 해석이 도출될 수 있다는 점입니다. 아무리 자세하게 설명해도 언어는 언제나 부족한 도구입니다. 말로 생각과 마음을 충분히 표현하는 것은 불가능합니다. 우리가 동원하는 어휘가 계속 변하기 때문에 특정 순간에 수집한 언어로 이미지를 번역하는 작업은 매번 새로운 의미를 만들어 냅니다. 여기서 제일 중요한 것은 이미지 자체를 가능하게 만드는 빛 한 줄기를 언어로 번역하는 작업입니다.

압축 전치와 더불어
꿈작업의 세 번째 단계가 가장 흥미로운데,
이 과정에서 생각이 시각 이미지로 바뀐다.

꿈은 유명해지고 싶다는 내 생각을 문자 그대로 전하지 않습니다. 꿈은 이 생각을 표현할 수 있는 한 컷의 이미지를 만들어 냅니다. 예를 들어, 나는 꿈에서 내가 계단을 오르고 있거나 에스컬레이터를 타고 올라가는 모습을 보게 됩니다. 상승이라는 표상이 계단이나 에스컬레이터라는 인접 표상을 선택하여 이미지를 만든 경우입니다. 똑같은 것을 계속 반복하는 게 좀 식상하다는 생각은 앵무새라는 꿈의 표상으로 번역될 수 있으며, 오이는 52번지라는 집 주소로, 수정이는 샹들리에로 나타날 수 있습니다. 꿈은 이렇게 그림으로 수수께끼를 냅니다. 그리고 분석은 그 이미지가 무슨 뜻인지 알아맞히는 과정입니다. 이미지의 각 부분이 자리가 바뀌거나 압축되어 있으므로 우리는 세부 표상에서 시작하여 한 부분씩 풀어 갈 수밖에 없습니다.

만약 일상생활 속에서
우리가 이성적으로 차근히 전달하던 이야기를
그림의 형태로 전래야 한다면,
우리는 그 의미를 이해하는 데

어려움을 겪게 될 것이다.

『꿈의 해석』

그림은 말을 압축합니다. 여기에 더하여 꿈은 생각을 조각내고, 각 조각을 압축하거나 전치하여 새로운 조각들로 이미지를 만들어 냅니다. 꿈을 이해하기 위해서는 이미지를 만드는 과정을 거꾸로 풀기 시작해야 하는데, 어디에서 시작해야 하는지, 그 중심이 어디인지 알 수 없기 때문에 늘 막막하게 느껴집니다. 사실 이미지의 모든 세부는 해석의 중심이 될 수 있습니다. 예를 들어 한 사람과 싸운 일에 대해 누군가에게 이야기를 한다면, 내가 하는 모든 말은 그 싸움과 관련된 표상들일 것입니다. 이와 마찬가지로 꿈속 어떤 표상에서 시작해도 우리는 무의식이 전하려 하는 이야기의 한 부분을 만나게 됩니다. 이야기의 순서가 뒤섞여 있기 때문에 해석으로 가는 여정이 어렵게 느껴지지만, 충분히 오래 명상하면 그 의미가 드러납니다.

꿈은 그림 맞추기와 같이 구성된다.
꿈 조각을 단순한 이미지로 이해하는 사람들은
꿈에 의미가 있으며 꿈이 활용될 수 있다는 것을
알지 못한다.

『꿈의 해석』

꿈에 앵무새가 나오면 우리는 보통 그 꿈이 앵무새 자체에 대한 이야기일 것이라고 생각합니다. 또는 앵무새의 상징을 검색한 후 그 상징 자체가 꿈의 의미라고 믿습니다. 그러나 더 중요한 부분은 꿈의 세부입니다. 앵무새의 색깔, 앵무새의 모습, 앵무새의 말 등 꿈속 다른 표상들 역시 그림 퍼즐의 중요한 부분입니다. 이미지의 세부는 압축과 전치로 왜곡된 표상들로서, 충분한 연상 과정에서 표상을 하나씩 풀어 갈 때 의미가 서서히 드러납니다. 또한 하나의 꿈이 흐릿한 이미지를 보여 주었다면 그 이후의 꿈들을 모아 함께 생각해 볼 수도 있습니다. 일련의 꿈들 속에서 어떻게 이미지의 세부가 변화해 나가는지, 어떤 표상들이 서로 연결되는지 조각을 맞추어 가다 보면 새로운 그림이 보이기 시작합니다.

우리는 꿈꾼 이가 꿈에 대해 기술한 내용을
가장 중요한 자료로 간주하며,
상징의 번역은 부차적인 내용으로 활용한다.

『꿈의 해석』

프로이트는 꿈의 상징을 강조하는 융의 방식에 반대합니다. 꿈의 상징은 부차적 정보나 자료로 사용될 수 있을 뿐, 꿈을 해석하기 위한 중심 요소는 아닙니다. 꿈을 분석할 때 가장 중요한 것은 꿈꾼 이가 자신의 꿈에 대해 연상한 내용입니다. 내 꿈에 대해 가장 잘 아는 사람은 나 자신입니다. 내가 특정 상징을 알고 있다면 나는 그 내용을 꿈의 자료로 사용할 수 있을 것입니다. 그러나 내가 중심에 서지 않고 상징을 외부의 정답으로 간주한다면, 우리는 결코 우리의 꿈을 제대로 이해할 수 없습니다. 다른 사람의 시선 속에서는 꿈이 내게 말하는 이야기를 들을 수 없습니다. 나만의 생각, 나만의 경험, 나만의 감정을 내 말로 표현해 내는 과정이 없다면, 우리는 절대로 꿈의 표상을 풀어낼 수 없습니다.

한 편의 꿈에 대한 더욱 깊이 있는 해석이
같은 날 저녁에 꾼
또 다른 꿈에서 제시되기도 한다.

『꿈의 해석』

우리는 꿈을 시리즈로 꿀 수도 있습니다. 다음 편에서 계속되는 연속극처럼, 이전 꿈에는 비어 있던 부분이 이후의 꿈에서 채워질 수도 있습니다. 적인 줄 알았던 인물이 아군이 되기도 하고, 자유로워졌다고 생각했는데 다시 갇혀 있기도 합니다. 전혀 다른 서사로 보이지만, 구조를 분석해 보면 같은 역할을 하는 두 인물이 보이기도 합니다. 같은 날 저녁에 꾼 꿈들이 아니더라도 비슷한 시기의 꿈들은 언제나 이어져 있습니다. 내가 같은 태도로 삶을 살아가고 특정 역할을 맡고 있는 시기라면, 유사한 결의 꿈을 꾸게 됩니다. 언제나 내게 가장 문제 되는 부분이 꿈의 중심에 배치되어 있습니다. 내 몸과 마음을 불편하게 만드는 관계와 구조적 문제는 다양한 꿈의 서사 속에서 다양한 표상들로 드러납니다.

꿈을 분석할 때 성적인 내용이
중요하다는 사실을 잊어서는 안 된다.
그러나 성이 가장 중요하다고 생각하는 극단적인 태도는
지양해야 한다.

「꿈의 해석」

프로이트는 성 이야기를 많이 합니다. 그의 환자들이 성과 관련된 문제를 많이들 호소했기 때문입니다. 지금 현재 내게 성이 가장 중요한 문제라면, 꿈은 반드시 내가 힘들어하는 것들을 언급합니다. 가장 말하기 힘든 내용 중 하나가 성적인 문제들이기 때문에, 그런 문제가 발생할 때 우리는 보통 관련된 모든 생각을 밖으로 밀어냅니다. 그러나 나를 불편하게 만드는 다른 일상의 문제와 마찬가지로 성적인 문제 역시 말할 수 있어야 합니다. 내가 그렇게 하지 못하면 꿈이 그 이야기를 우리에게 대신 들려줍니다. 그러나 성이 제일 중요한 문제라고 이야기하거나 모든 것은 성 문제에서 비롯된다고 말해서는 안 됩니다. 성은 내용의 한 부분일 뿐입니다. 프로이트의 정신분석학은 성 이론이라는 생각 역시 정신분석에 대한 오해입니다.

사람들은 내가 모든 꿈을
성적으로 해석한다며 비난하지만,
나는 『꿈의 해석』 어디에서도
그런 말을 한 적이 없다.

『꿈의 해석』

실제로 『꿈의 해석』을 읽어 보면 거의 대부분이 표상 분석 방법론에 대한 이야기로 채워져 있습니다. 표상의 압축과 전치, 꿈작업, 배제된 표상의 복원 등에 대한 세세한 설명과 분석이 언제나 중심에 배치되어 있습니다. 프로이트는 꿈을 만드는 꿈작업 과정이 제일 중요하다고 거듭 강조하며 꿈의 정답을 찾는 것은 가능하지 않다는 말도 덧붙입니다. 다양한 해석이 항상 함께 도출된다는 뜻입니다. 어떤 꿈은 성을 다루고 있지만, 그것은 꿈의 내용일 뿐입니다. 즉 꿈을 성적으로 해석한다는 비난은 프로이트에 대한 오해입니다. 처음 『꿈의 해석』을 읽을 때 우리가 당황하게 되는 이유는 표상 분석이 너무 어렵게 느껴지기 때문입니다. 프로이트가 표상을 풀어 가는 방식은 성적이라기보다는 언어학적 과정입니다.

꿈작업을 통해 만들어진 세부는
전체적으로 일관된 이야기로 변화되는데,
이 과정이 2차가공이다.

『정신분석학 입문 강의』

꿈을 꾸고 난 후 고민에 빠질 때가 많습니다. 아는 사람이 죽거나
다치면 정말 그들에게 무슨 일이 일어나지나 않을까 걱정하며
전전긍긍하게 됩니다. 그러나 프로이트는 제일 마지막에 남은
꿈의 서사는 압축되고 전치된 표상들이 임의로 배열된 조합이라
고 말합니다. 즉 표상들을 무작위로 섞어 나열한 것이 꿈이라는
뜻입니다. 우리는 이 과정을 2차가공이라고 부르는데, 바로 이렇
게 꿈의 엉뚱한 이미지가 완성됩니다. 2차가공은 픽셀 그림을 그
리는 과정과 유사합니다. 각 픽셀이 표상이며 표상들이 모여 어
떤 그림처럼 보이게 되는 것입니다. 하나의 구름을 서로 다른 형
태로 이해하듯이, 2차가공에 의해 나타난 그림은 안정된 의미를
가지고 있지 않습니다. 여기서 중요한 것은 꿈의 마지막 서사가
아니라 그 서사를 구성하는 표상들입니다.

꿈은 꿈작업을 위해 숫자 역시
다른 표상들과 동일한 방식으로 활용한다.

『꿈의 해석』

프로이트는 꿈작업 과정에 이용된 숫자들은 계산할 수 없다고

말합니다. 숫자가 표상으로 사용되었기 때문입니다. 즉 숫자가 의미를 가진 표상이라는 뜻입니다. 하나에 하나를 더해도 하나가 되기도 하고 하나를 뺀 값이 아홉이 되기도 합니다. 한 사람과 한 사람이 만나 진정한 하나가 되는 관계는 하나에 하나를 더해 하나가 되고, 원래 열 명이었던 한 집단에서 한 사람이 빠지게 되었다면 아홉이라는 숫자는 남은 사람의 수를 뜻합니다. 숫자들은 압축되기도 하고 전치되기도 합니다. 꿈이 숫자를 선택한 이유는 다른 표상으로는 전달하기 힘든 내용을 숫자라는 표상을 통해 더욱 쉽게 드러낼 수 있기 때문입니다. 그래서 꿈속 숫자는 다른 표상들과 마찬가지로 자유연상을 통해 그 의미를 풀어내야 합니다.

말도 안 되는 꿈이라고 생각했으나
사실은 매우 심오한 꿈이었다는 것을
알게 되는 경우가 적지 않다.

『꿈의 해석』

꿈내용은 황당무계한 서사로 구성될 때가 많습니다. 그러나 표상을 분석해 나가는 과정에서 꿈이 나를 가장 힘들게 만드는 나 자신의 특정한 태도를 지적하고 있었다는 것을 알게 됩니다. 나는 한 번도 질문하지 않은 채 그냥 그렇게 살고 있는데, 꿈은 내가 그동안 불편했다는 것을 너무나 잘 알고 있습니다. 그리고 그 태도를 바꾸지 않는 한 몸도 마음도 편안할 수 없다고 이야기합니다. 꿈속 표상 중 유독 신경 쓰였던 대상에 집중해야 합니다. 자유연상을 하다 보면 오래 미루어 두었던 숙제가 떠오를 것입니다. 꿈은 내가 무엇을 좋아하는지, 어떤 일을 싫어하는지, 누가 보고 싶은지 알고 있습니다. 의식이 모든 사실을 부정하는 경우, 꿈은 더 다채로워집니다. 꿈은 의식이 마음의 이야기에 주의를 기울일 때까지 반복됩니다.

꿈작업은 꿈사고만으로
모든 이야기를 창작하지는 않는다.
꿈은 이미 만들어진 환상들을 자주 활용한다.

『꿈의 해석』

만약 동화나 전설 중 꿈사고를 압축할 수 있는 서사가 있다면, 꿈은 이미 알려진 이야기를 활용합니다. 콩쥐팥쥐, 라푼젤, 구렁덩 덩 신선비, 미녀와 야수 등은 이름 속에 이미 온전한 하나의 서사가 담겨 있습니다. '미녀와 야수'는 겉모습을 더 중요하게 생각하는 어리석음을 지적할 때 꿈이 사용할 수 있는 서사입니다. 신화, 전설, 민담에 언급되는 표상들 속에는 이야기보따리가 하나 가득 들어 있습니다. 꿈에 소설 속 인물이 나오거나 영화 주인공들이 등장하는 것도 같은 맥락이라고 할 수 있습니다. 어리석은 사람, 용기 없는 사람, 수동적인 사람, 보호자, 안내자, 가해자, 피해자와 관련된 이야기를 잘 표현할 수 있는 기존 서사는 꿈의 단골 재료가 됩니다. 내가 언젠가 관심을 가졌던 이야기는 모두 꿈의 재료가 될 수 있습니다.

우리는 빛을 따라 걸으며 더욱 명확한 해석,
더욱 정확한 해석을 얻기 위해 노력하지만,
꿈과 관련된 정신 과정의 더욱 깊은 층위로 들어설 때,
그 길은 언제나 암흑에서 끝난다.

『꿈의 해석』

프로이트는 우리가 모든 것을 너무 쉽게 단정짓는다고 말합니다. 그는 꿈을 하나의 간결한 서사로 해석하는 것에도 반대합니다. 한 사람을 쉽게 묘사하고 단정적으로 정의할 수는 없습니다. 아무리 명확하게 해석되는 듯 보여도 해석의 끝에서 우리는 다시 암초를 만납니다. 꿈을 해석할 때 우리는 시원한 해답을 얻을 수 없습니다. 그런 면이 있으며, 이런 면에서는 도움이 된다는 생각에 이를 수 있을 뿐입니다. 우리의 해석은 늘 어둠에서 끝나게 됩니다. 치유의 과정 역시 비슷한 과정으로 진행됩니다. 예전보다는 훨씬 좋아졌지만, 간간이 익숙한 어둠이 다시 찾아옵니다. 여전히 많은 것이 불확실하고 막막합니다. 정신분석은 불안과 막막함을 제거할 수 없습니다. 그러나 정신분석적 치유는 우리에게 그것을 견디는 힘을 줍니다.

아무리 충분히 해석된 꿈이라 해도
모호한 상태로 남겨 두어야 하는 부분이 반드시 존재한다.

『꿈의 해석』

서로의 꿈을 공유할 때 절대로 꿈에 대해 아는 척해서는 안 됩니다. 타인의 꿈을 명확하게 분석할 수 있다는 생각은 착각입니다. 깔끔한 해석은 오히려 꿈을 해치게 됩니다. 꿈꾼 이는 타인의 해석을 꿈의 연장으로 받아들이게 되는데, 이 과정에서 타인의 표상이 함께 유입됩니다. 인간을 움직이는 것은 우리 각자의 상처입니다. 상처가 말하게 하고, 공격하게 만들고, 집착하게 합니다. 타인의 꿈에 대해 이야기하면서도 사실 나는 내 상처에 대해 말하고 있습니다. 그런 방식으로 타인의 꿈에 대해 제시하는 분석과 해석 속에는 꿈에 대한 이야기가 아니라 나 자신에 대한 이야기가 포함되어 있습니다. 그리고 여백으로 남겨 두어야 하는 지점을 내 이야기로 채워 버리게 됩니다. 꿈을 존중할 때 우리는 꿈의 다양한 모습들을 만나게 됩니다.

꿈을 해석하다 보면, 꿈사고가 뭉쳐 있어 풀어지지 않고
해석에 어떤 도움도 되지 않는 부분을 만나게 되는데,
이것이 바로 꿈의 중심이다.
이 지점에서 미지의 영역이 시작된다.

『꿈의 해석』

꿈분석 과정에서 우리는 언제나 해석에 저항하는 지점을 만나게 됩니다. 프로이트는 이 부분을 억지로 해석해서는 안 된다고 조언합니다. 그는 해석에 저항하는 지점을 꿈의 중심이라고 불렀으며, 그 지점에서 미지의 영역이 시작된다고 말했습니다. 꿈의 중심이란 새로운 해석이 가능해지는 지점입니다. 미지의 영역에 맞닿은 꿈의 중심에 의해 우리는 한 편의 꿈을 단정적으로 해석할 수 없게 됩니다. 최선을 다해 꿈을 해석하고 현실 속에서 변화를 도모할 수 있을 뿐, 하나의 해석에 매달려 꿈을 닫아 버릴 수는 없다는 뜻입니다. 한 편의 꿈을 10년 후 다시 읽으면 새로운 표상이 보입니다. 전에는 보이지 않았던 표상 속에 미래가 예견되어 있었다는 것을 깨닫게 되기도 합니다. 꿈의 중심은 삶의 변화를 가능하게 만드는 요소입니다.

이 세상의 진실을 발견하기 위해서는
겸허하게 우리의 모든 동정과 반감을
모두 내려놓을 수 있어야 한다.

「정신분석학 입문 강의」

꿈을 분석하며 검열을 시작하는 경우가 있습니다. 타인의 꿈을 공유할 때는 더욱더 나만의 기준 속에서 꿈을 판단하게 됩니다. 프로이트는 꿈을 해석할 때 검열과 동정을 모두 경계합니다. 물론 함께 마음 아파하는 공감은 그 자체가 치유력을 가지고 있습니다. 그러나 꿈을 해석하는 과정에서는 공감 역시 잠시 내려놓을 수 있어야 합니다. 꿈을 대할 때, 우리는 거울 또는 수화기가 되어야 합니다. 어떤 부분은 더 잘 보이고 어떤 이야기는 더 잘 들린다면, 수많은 표상을 놓치게 됩니다. 선별적으로 표상 분석을 진행한다면 우리는 진실에 다가갈 수 없습니다. 우리는 우리의 모든 것을 잠시 내려놓고 무미건조하게 꿈을 마주할 수 있어야 합니다. 이것이 꿈을 분석하는 최선의 태도입니다.

꿈이 우리에게 미래에 대한 지식을 전해 줄 수 있을까?
그보다는 꿈이 과거에 대한 지식을 전해 준다고
표현하는 것이 더욱 적절할 것이다.
꿈은 과거에서 비롯된다.
그러나 꿈이 미래를 예견한다는 믿음이 틀린 것은 아니다.
우리의 소원이 성취되는 모습을 보여 줌으로써
꿈은 우리를 미래로 인도한다.
그러나 현재형으로 그려진 이 미래는,
절대로 파괴되지 않는 우리의 소원이 과거의 모습을
그대로 본떠 만든 이야기다.

『꿈의 해석』

예지몽에 대한 반복되는 질문 속에서 프로이트는 꿈이 실제로 미래를 예견한다고 말합니다. 그 이유는 미래가 과거의 표상들에 의해 구성되기 때문입니다. 늘 눈치만 보는 사람이라면 치유의 여정 속에서 극적인 변화를 겪지 않는 한 나 자신을 지키기 위한 선택을 할 수 없을 것입니다. 꿈은 그러한 태도로 살았을 때 맞이하게 되는 미래의 파국을 보여 줍니다. 내 안에 갇힌 사람은 극적인 변화와 통찰이 가능하지 않다면 누군가와 진정한 사랑을 나눌 수 없을 것입니다. 꿈은 과거부터 현재까지 지속되어 온 내 태도의 문제를 전제로, 가능한 미래의 모습을 보여 줍니다. 만약 우리가 소원의 표상에 집중하여 꿈과 대화를 나누고 있다면, 꿈은 내 소원이 향하는 미래의 모습을 보여 줄 수도 있습니다.

꿈이 언제나 어린 시절의 재료를 사용한다는 점에서 모든 꿈은 아이들의 꿈이다.

『정신분석학 입문 강의』

우리는 어른이 되면서 어린 시절의 모습을 잃어버립니다. 그러나 무의식은 내 어린 시절의 모든 것을 다 기억하고 있습니다. 그래서 어린 시절의 내 꿈, 내 소원, 내가 좋아했던 것들, 내가 좋아했던 사람이 모두 꿈의 재료가 될 수 있습니다. 꿈은 아이의 목소리로 내 현재 상황을 바라봅니다. 꿈은 한 번 더 생각하지 않고 말할 수 있으며, 내 눈치를 살피지 않습니다. 조심하거나 주눅이 들지도 않습니다. 보이는 대로, 느끼는 대로 표현하기에 꿈사고를 분석하고 나면 오히려 꿈꾼 이가 주눅이 듭니다. 꿈은 맑고 큰

목소리로 왜 이렇게 했느냐고 묻고, 이건 불편해 보인다고 말해
줍니다. 꿈을 분석하는 작업은 내 안에 있는 아이의 목소리를 듣
는 여정이기도 합니다. 이 과정에서 나는 어린 나 자신을 만나게
됩니다.

어떤 것에 관해 꿈을 꾸도록
꿈의 내용에 영향을 끼치는 것은 가능한 일이다.
그러나 꿈의 결론을 미리 결정할 수는 없다.
꿈작업의 기제와 무의식적 소원은
어떤 외부 압력에도 영향을 받지 않는다.

『정신분석학 입문 강의』

마음속에 생각을 각인하는 인셉션은 가능합니다. 자극이 된 모
든 것이 꿈의 재료가 될 수 있기 때문입니다. 어떤 일을 충분히
강렬하게 경험한다면, 내 마음에 그 일과 관련된 생각의 씨앗이
심어집니다. 그러나 꿈의 결론은 언제나 무의식의 소원에만 복
종합니다. 의식은 주위 사람들의 눈치를 보고, 상황을 살피고, 관
계를 위한 전략을 세우지만, 무의식은 소원 이외의 어떤 목소리
에도 신경을 쓰지 않습니다. 순종하라는 외부의 명령은 두려운
목소리로 인식되지 않으며, 그보다 가차 없는 비판의 대상이 됩
니다. 어떤 외부 압력도 없는 상황이라면 꿈을 통해 나는 지금 이
순간 내가 뭘 하고 싶은지 생각해 볼 수 있습니다. 그리고 소원의

대상을 되찾고 소원의 길에 다시 진입할 수 있게 됩니다.

정신분석의 목표는
환자의 기억 속 모든 간극을 메우고
기억상실을 극복하게 돕는 것이다.

『정신분석학 입문 강의』

꿈의 중심에 해석되지 않는 지점이 있다는 것과 내가 내 꿈을 해석하지 않는 것은 다른 문제입니다. 우리는 최선을 다해 해석을 도출한 후, 내 해석의 끝자락을 열린 결말로 보존해야 합니다. '꿈의 중심'인 열린 결말은 삶이 계속 움직여 나가며 변화한다는 것을 의미합니다. 이 모든 과정의 시작은 내가 나에 대해 하나의 서사를 쓸 수 있을 때 시작됩니다. 어떤 부분은 덮어 버리고, 다른 부분은 망각한 채 생각하고 싶지 않다고 말한다면 변화는 가능하지 않습니다. 현재를 바꾸고 미래의 가능성을 되찾기 위해서는 우선 내 과거에 대해 이야기할 수 있어야 합니다. 모든 간극을 메우고 잊어버렸던 대상을 기억해 낼 때, 내가 누구인지, 무엇이 어디에서 잘못되었는지, 어떻게 바로잡아야 하는지에 대한 생각을 시작할 수 있습니다.

**유아기와 관련하여 기억하는 장면들은
회상이라기보다는 구성된 산물이다.**

「유아 신경증 사례」

우리가 기억해 내는 것들은 사실의 복원이라기보다는 사실에 대한 우리의 해석입니다. 더 많이 볼 수 있고, 더 많은 생각을 할 수 있는 사람이라면 같은 사실을 다른 방식으로 기억합니다. 그래서 프로이트는 회상이 픽션을 창조할 때와 같이 구성된다고 말합니다. 어렸을 때 아버지는 한 번도 나를 사랑한 적이 없다거나 어머니는 한 번도 웃지 않으셨다는 기억은 특정 장면이 추가되면 달라질 수 있습니다. 왜 아버지가 늘 우울했는지 그 이유를 생각하며 아버지의 모습이 마음 아프게 느껴진다면, 예전의 해석이 바뀌게 됩니다. 프로이트는 해석이 과거의 사실을 뒤바꿀 수 있을 정도로 강력한 힘을 가진다고 생각했습니다. 어떻게 기억하느냐에 따라 회상은 우리의 현재에 전혀 다른 영향을 끼치게 됩니다.

**마음을 분석한 이후에는
종합의 과정이 뒤따라와야 한다.
심리치료의 모든 관심을 종합에 기울이고,
파괴한 것을 재건하는 작업을 진행해야 한다.**

「정신분석 치료의 길」

분석은 꿈내용을 파편화하여 각 표상을 들여다보는 해체 작업입니다. 『꿈의 해석』은 표상 분석 방법을 알려 주는 지침서로서 꿈내용을 분석하는 방법론에 대한 책입니다. 그러나 주어진 시간 동안 내가 할 수 있는 모든 분석이 끝났다면, 이제 해체된 표상들을 하나의 맥락으로 종합해야 합니다. 바로 이 과정을 우리는 꿈의 해석이라고 부를 수 있습니다. 분석이 종합으로 이어지지 않으면, 우리는 산만한 표상들 속에서 길을 잃게 됩니다. 표상들을 남김없이 다 분석하려고 욕심을 내다 보면, 모든 서사가 파괴된 폐허에 남게 됩니다. 반면 눈이 가는 표상 하나둘 정도만을 분석한 후 그것을 바탕으로 해석을 도출하려다 보면, 종합 과정이 억지스럽습니다. 이 상태에서는 집을 다시 지을 재료가 충분하지 않기 때문입니다.

언젠가 의사들은 꿈의 심리학과 더불어
꿈의 정신병리학에도 주의를 기울이게 될 것이다.

『꿈의 해석』

신경전달물질만으로 정신을 분석할 수는 없습니다. 나는 어떤 노력도 하지 않고, 어떤 분석 과정이나 종합 과정도 없이, 어떤 의미도 창조하지 않은 채 수동적으로 약물에만 의지하여 마음의 병이 나을 수는 없습니다. 약물치료를 할 때도 반드시 표상의 분석과 종합을 통한 정신분석적 이야기 치료를 병행해야만 합니다. 내적 표상들을 만나는 가장 좋은 장소는 꿈입니다. 프로이트는 의사들이 꿈에 의미가 있다는 사실을 받아들이고, 더 나아가 정신병리학적으로 꿈을 활용할 수 있다는 사실을 적극적으로 수용해야 한다고 호소합니다. 우울증과 관련된 꿈이 있으며, 조현병에서 나타나는 꿈의 패턴이 있습니다. 꿈을 통해 우리는 애도의 과정이 진행되는 여정을 이해할 수 있으며, 치유 작업을 모니터링할 수도 있습니다.

내가 제시한 결론은
대부분 판단 보류 상태(non liquet)로
유보해야 한다.

『토템과 터부』

'non liquet'는 라틴어로 '확실하지 않다'는 뜻입니다. 명확하지 않기 때문에 판단을 할 수 없으며, 증거가 충분하지 않기 때문에 명쾌하게 판결을 내릴 수 없다는 뜻이기도 합니다. 프로이트는 자신의 모든 이론이 판단 보류 상태로 이해되어야 한다고 말합니다. 오이디푸스 콤플렉스, 리비도 발달 단계, 남근 선망은 모두 부족한 이론들입니다. 만약 과학적 증거들이 제시되고 이 이론들이 틀린 것으로 판명된다면, 그는 흔쾌히 모든 이론을 폐기할 것입니다. 그런데 프로이트는 이처럼 언제나 자신의 이론을 즉시 포기할 결심을 한 상태인 반면, 정신분석학을 배우는 우리들은 프로이트의 이론과 프로이트를 신격화하는 경향이 있습니다. 프로이트는 꿈의 중심이 언제나 열린 결말로 남겨져야 한다고 생각했지만 우리는 자주 꿈을 명확하게 해석하려 합니다.

정신분석은 아직 완성되지 않았으며 빠르게 발전하고 있는 신생과학이다.

「정신분석에 대한 짧은 소고」

정신분석은 프로이트가 뉴런 사이의 신경전달을 연구하며 탄생했습니다. 그는 어떻게 기억이 보존되는지, 왜 우리가 망각하는지, 왜 어떤 기억은 왜곡되는지, 그 이유를 설명하기 위해 표상의 움직임을 추적했고, 표상들이 압축되거나 전치된다는 것을 알게 되었습니다. 중요한 표상이 꿈에 나타나며, 한번 경험한 표상들은 결코 사라지지 않는다는 것도 임상 과정에서 드러났습니다. 그러나 매 순간의 발견과 함께 프로이트는 진실을 포착할 수 없다는 무력감을 느꼈습니다. 어떻게 해도 완전한 해석을 찾아낼수 없었고, 아무리 노력해도 완전한 치유가 불가능했기 때문입니다. 언제나 또 다른 해석이 제시되었고, 삶 속에서 다시 새로운 문제가 나타났습니다. 최선의 노력을 기울일 수 있을 뿐, 완전한 이론을 제시하는 것은 불가능했습니다.

정신분석은 하나의 세계관을 창조할 수는 없으며
사실 그럴 필요도 없다.
정신분석은 과학의 한 분과이며
과학적 세계관을 따른다.

정신분석은 세상의 모든 것을 설명할 수 있는 이론이 아닙니다. 프로이트의 정신분석학 안에는 경제도 정치도 존재하지 않습니다. 프로이트는 재판, 선거, 자본과 같은 삶의 중요한 부분들이 없는 진공 속에서 마음을 들여다봅니다. 정신분석은 한계가 많은 학문입니다. 그 자체로 하나의 세계관을 형성할 수도 없고, 믿고 따를 삶의 원칙을 제시할 수도 없습니다. 정신분석은 그저 과학적 세계관의 한 영역일 뿐입니다. 그러나 정신분석학은 마음속 표상을 과학적으로 분석하고 종합하는 방법론을 제시함으로써 우리가 온전한 나 자신으로서 삶의 문제들을 대면할 수 있게 돕습니다. 소원의 표상을 찾고, 이 과정에서 내면의 에너지가 높아지면, 우리는 비로소 세상을 마주하여 우리의 목소리로 이야기할 수 있게 됩니다.

모든 것이 결정되는 과학의 기반은
오직 관찰뿐이다.

「나르시시즘 서설」

재수 없게 보인다거나 왠지 불안하다는 말은 정신분석적이지 않습니다. 별 이유 없이 그냥 했다거나 잘 모르겠다는 답변도 정신분석에서는 허용되지 않습니다. 과학적 근거가 제시되지 않은 말들이기 때문입니다. 정신분석학은 나에 대한 과학적 관찰을 기반으로 내 말을 연구합니다. 내면의 표상들을 분석하고 분석된 표상을 종합함으로써 의미를 만들어 가는 과정에서 나는 누구인지, 어떻게 살아야 하는지, 내 소원은 무엇인지를 알게 됩니다. 이 모든 질문과 답변의 시작은 관찰입니다. 내 꿈을 방문한 표상들의 관찰, 내가 한 말들의 분석, 내가 제시한 연상에 대한 객관적 이해가 최종 해석으로 이어집니다. 추측하거나 어림짐작으로 답해서는 과학적 분석과 해석이 가능하지 않습니다. 오직 치밀한 관찰만이 우리를 진실로 인도합니다.

과학이 전적으로 명확히 증명된 사실로만
구성된다고 말한다면 그것은 잘못된 생각이다.
과학에 대해 그러한 것을 기대해서도 안 된다.

『정신분석학 입문 강의』

양자역학에서 우리는 전자의 위치를 정확히 알 수 없습니다. 크기가 아주 작은 대상들의 경우, 우리의 직관적 이해를 넘어서는 일들이 발생합니다. 전자는 그 위치를 확률적으로만 알 수 있습니다. 불확정성의 원리라는 이상한 법칙은 과학이 명확한 이야기들로만 구성되어 있지는 않다는 사실을 알려 줍니다. 탄소 덩어리에서 생명이 시작되는 과정이나 우주의 시작 역시 여전히 미지의 영역입니다. 프로이트는 꿈의 해석에도 미지의 지점을 보존해야 한다고 생각했고, 이 부분을 꿈의 중심이라고 불렀습니다. 우리는 보이는 것, 관찰된 것을 통해 표상을 분석하고 해석할 수밖에 없지만, 이 과정의 끝에서 언제나 우리보다 무한히 큰 세상을 가정하게 됩니다. 모든 것이 변할 수 있고 새로운 시작이 가능한 이 지점이 꿈의 중심입니다.

정신분석학을 과학으로 정의하는 이유는
우리가 다루는 자료의 성격 때문이 아니며,
그보다는 우리의 분석 기법 때문이다.

『정신분석학 입문 강의』

자유연상은 과학처럼 보이지 않습니다. 내 개인적인 이야기들을 이어 가는 과정이 과학적일 수 있다는 말도 쉽게 납득되지 않습니다. 어린 시절의 이야기, 내 감정, 현재의 내 상태는 모두 모호하고 애매하게 느껴집니다. 바로 이 지점에서 과학이 개입하게 됩니다. 프로이트의 정신분석학은 우리의 감정과 생각을 분석하는 과학적 분석 기법입니다. 말 자체는 모호할 수 있지만, 말을 구성하는 표상을 해체하고 각 표상을 분석하는 언어학적 방식은 과학적일 수 있습니다. 연상은 모호할 수 있지만 연상 속에 포함된 표상들을 포착하고 다른 표상들과 이어 내는 방식은 과학적입니다. 압축과 전치라는 표상의 움직임을 과학적으로 분석하고, 분석된 내용을 종합하여 하나의 의미를 만드는 여정 역시 과학에 근거한 작업입니다.

텔레파시를 통한 전갈에 의해 꾸게 되는 꿈이 있다.

「꿈과 텔레파시」

실제로 미래를 예견하는 꿈을 꿀 수도 있고, 많은 사람이 태몽을 꾸기도 합니다. 꿈은 신비한 영역입니다. 텔레파시를 통한 전갈에 의해 꿈속에서 다른 사람의 이야기를 생생하게 만나는 경우도 있습니다. 정신분석학은 신비한 영역을 부정하지 않습니다. 인간의 삶에는 모든 합리적인 생각과 계산을 뛰어넘는 미지의 영역이 분명히 존재합니다. 출구가 없는 곳에 출구를 만들고, 한 사람이 다른 사람을 살리기도 하며, 한마디의 말이 상처를 치유하기도 합니다. 모두 인간이 해 온 일들이며 인간이 할 수 있는 일입니다. 마음이 건강하고 행복감을 느끼며 소원의 길을 걷는 사람이 많아진다면, 그런 신비가 우리 삶 속에 더욱 널리 퍼질 수 있을 것입니다. 정신분석학 역시 궁극적으로 그런 세상을 꿈꾸는 학문입니다.

우리는 생각—이동이라는 것이 존재한다고 말할 수밖에 없다.

「정신분석과 텔레파시」

프로이트는 과학을 넘어선 일들이 일어난다는 것을 확인했습니다. 세상에는 텔레파시와 같이 믿기 힘든 일들이 일어납니다. 프로이트는 생각이 한 사람에게서 다른 사람에게 이송되는 현상을 생각—이동이라고 불렀는데, 이 신비한 과정은 거리나 시간과 무관한 현상이었습니다. 진심으로 아들을 걱정하는 어머니는 전쟁터에 있는 아들의 목소리를 들었으며, 아버지는 먼 곳에서 출산하는 딸의 이야기를 알고 있었습니다. 그들은 일상적인 매개 없이 소통할 수 있었습니다. 그러나 프로이트는 이와 같은 신비한 현상을 이론의 전제로 삼지는 않습니다. 그것이 우리 모두의 이야기가 아니기 때문입니다. 과학적 분석이 가능한 이론만이 대중 일반의 치유에 실천적으로 활용될 수 있습니다. 소원의 표상을 분석하는 일에는 신비가 필요하지 않습니다.

나가는 말

다시 세상 속으로

✳

나 자신이 되는 것이 힘들어서는 안 됩니다. 내가 하고 싶은 이야
기를 하고, 내 감정을 표현하는 게 어려워서는 안 됩니다. 싫은데
억지로 참거나 나 자신이 내 소원을 무시한다면, 우리는 건강할
수 없습니다. 뭘 하든, 일단 나는 나 자신이 되어야 합니다. 그래
야 세상 속으로 나아가 소원의 길을 걸을 수 있습니다.

프로이트 전집에서 가장 많이 반복되는 표상은 소원입니다. 오
직 소원만이 우리를 움직일 수 있습니다. 프로이트는 소원과 관
련된 우리의 말과 생각과 행동을 전투라고 부릅니다. 아무 말도
하지 않고 아무 행동도 하지 않고 아무 생각도 하지 않은 채 삶을
살아가면 우리의 마음은 병들게 됩니다. 내 마음과 소통하며 내
생각을 말하는 행위는 언제나 세상을 소란스럽게 만들 수밖에
없습니다. 나는 이게 좋고, 나는 저게 싫고, 나는 지금 이렇게 하
고 싶다는 말은 쉽지 않습니다. 그런 말 자체가 용기와 결단이 필

요한 사건입니다. 그러나 내가 가만히 있으면 어느 누구도 내 마음을 이해해 주지 않습니다.

정신분석은 내가 나 자신을 관찰하고 나를 이해하기 위해 사용하는 분석 기법입니다. 내가 평소에 하는 모든 말, 내 꿈을 방문한 모든 이야기는 그 전체가 모두 분석의 대상인 표상들입니다. 표상의 지도를 분석하고 그 속에서 나를 위한 해석을 도출하는 것이 정신분석의 목표입니다. 그렇게 할 수 있다면, 우리는 우리 자신을 더욱 잘 이해할 수 있게 됩니다. 모든 것은 아주 간단한 질문으로 시작합니다. 내 소원은 무엇인가요?

생각–이동은 정신분석학에서 다루는 이론은 아닙니다. 그러나 저는 생각–이동이 정신분석학의 전제일 수도 있다고 생각합니다. 내 생각이 나를 진심으로 생각하는 사람들에게 전달될 수 있다는 믿음은 소원의 길을 만드는 가장 굳건한 재료입니다. 우리가 포기하지 않는다면, 누군가 어디에선가 우리의 생각을 듣고 있습니다. 그리고 언젠가 그 모든 순간 우리와 함께했었다는 것을 우리에게 알려 줄 것입니다. 빛이 보이지 않는 순간에도, 우리는 우리 마음속에서 일어나는 모든 생각이 누군가에게 달려가고 있다는 것을 믿어야 합니다. 그 생각이 언젠가 한 줄기 빛이 되어 우리를 출구로 안내할 것입니다. 그때 우리는 어둠 역시 소원의 길의 한 부분이었음을 깨닫게 될 것입니다.

참고문헌 ✦

* 전집에 포함되지 않은 프로이트의 저서 『실어증에 대하여』와 프로이
트 영어 전집 24권(Sigmund Freud, *The Standard Edition of the Complete
Psychological Works of Sigmund Freud*, tr. James Strachey, London: The Hogarth
Press, 1953–1974)을 참고하였다.

『실어증에 대하여: 비판적 연구(*On Aphasia: A Critical Study*)』, tr. E. Sten-
gel, New York: International Universities Press, 1953[1891].

전집 1권 ————

「히스테리(Hysteria)」, 1888.

「최면에 의한 성공 사례(A Case of Successful Treatment by Hypnotism)」, 1892–
1893.

「샤르코의 《화요 강의》 번역 중 서문과 미주(Preface and Footnotes to the
Translation of Charcot's *Tuesday Lectures*)」, 1892–1894.

「기질적/히스테리적 운동 마비에 대한 비교 연구(Some Points for a Comparative Study of Organic and Hysterical Motor Paralyses)」, 1893[1888-1893].

「플리스에게 보낸 편지 발췌문(Extracts from the Fliess Papers)」, 1950[1892-1899].

『과학적 심리학 프로젝트(*Project for a Scientific Psychology*)』, 1950[1895].

전집 2권 ————

『히스테리 연구(*Studies on Hysteria*)』, 1893-1895.

전집 3권 ————

「히스테리 병인론(The Aetiology of Hysteria)」, 1896.

「망각의 심리 기제(The Psychical Mechanism of Forgetfulness)」, 1898.

「은폐 기억(Screen Memories)」, 1899.

전집 4-5권 ————

『꿈의 해석(*The Interpretation of Dreams*)』, 1900.

전집 6권 ————

『일상생활 속의 정신병리학(*The Psychopathology of Everyday Life*)』, 1901.

전집 7권 ————

「히스테리 사례 분석(Fragment of an Analysis of a Case of Hysteria)」, 1905

[1901].

「프로이트의 정신분석 과정(Freud's Psycho-Analytic Procedure)」, 1904[1903].

「심리치료에 대하여(On Psychotherapy)」, 1905[1904].

『성이론에 대한 세 편의 논문(Three Essays on the Theory of Sexuality)』, 1905.

「심리적(정신적) 치료(Psychical[or Mental] Treatment)」, 1905.

전집 8권 ────────

『농담과 무의식의 관계(Jokes and Their Relation to the Unconscious)』, 1905.

전집 9권 ────────

『옌젠의 《그라디바》에 나타난 망상과 꿈(Delusions and Dreams in Jensen's
　　　Gradiva)』, 1907[1906].

「가족 로맨스(Family Romances)」, 1909[1908].

전집 10권 ────────

『다섯 살배기 소년의 공포증 분석(Analysis of a Phobia in a Five-Year-Old
　　　Boy)』, 1909.

『강박 신경증 사례에 대한 주석(Notes upon a Case of Obsessional Neurosis)』,
　　　1909.

전집 11권 ────────

『정신분석에 관한 다섯 번의 강의(Five Lectures on Psycho-Analysis)』,

1910[1909].

『레오나르도 다빈치의 유년 기억(*Leonardo da Vinci and A Memory of His Childhood*)』, 1910.

「고대 언어에 나타난 대립적 의미(The Antithetical Meaning of Primal Words)」, 1910.

전집 12권 ————

『편집증 사례의 자전적 기록에 대한 주석(*Psycho-Analytic Notes on an Autobiographical Account of a Case of Paranoia[Dementia Paranoides]*)』, 1911.

「정신 기능의 두 원칙에 관한 논의(Formulations on the Two Principles of Mental Functioning)」, 1911.

「정신분석 수련을 하는 의사들을 위하여(Recommendations to Physicians Practising Psycho-Analysis)」, 1912.

「무의식 개념에 대한 몇 가지 주석(A Note on the Unconscious in Psycho-Analysis)」, 1912.

「기억하기, 반복하기, 그리고 작업하기(Remembering, Repeating and Working-Through)」, 1914.

전집 13권 ————

『토템과 터부(*Totem and Taboo*)』, 1913[1912-1913].

전집 14권 ─────────

「나르시시즘 서설(On Narcissism: An Introduction)」, 1914.

「충동과 그 전개 경로(Instincts and their Vicissitudes)」, 1915.

「무의식(The Unconscious)」, 1915.

「애도와 우울증(Mourning and Melancholia)」, 1917[1915].

전집 15-16권 ─────────

『정신분석학 입문 강의(*Introductory Lectures on Psychoanalysis*)』, 1916-
1917[1915-1917].

전집 17권 ─────────

「정신분석의 난제(A Difficulty in the Path of Psycho-Analysis)」, 1917.

『유아 신경증 사례(*From the History of an Infantile Neurosis*)』, 1918[1914].

「정신분석 치료의 길(Lines of Advance in Psycho-Analytic Therapy)」,
1919[1918].

「낯선 친밀함(The 'Uncanny')」, 1919.

전집 18권 ─────────

『쾌락 원칙을 넘어서(*Beyond The Pleasure Principle*)』, 1920.

「꿈과 텔레파시(Dreams and Telepathy)」, 1922.

「백과사전에 포함된 두 편의 글(Two Encyclopaedia Articles)」, 1923[1922].

「정신분석과 텔레파시(Psycho-Analysis and Telepathy)」, 1941[1921].

전집 19권 ────────

『자아와 이드(*The Ego and The Id*)』, 1923.

「정신분석에 대한 짧은 소고(A Short Account of Psycho-Analysis)」, 1924
　　[1923].

「정신분석에 대한 저항들(The Resistances to Psycho-Analysis)」, 1925[1924].

「꿈 해석에 관해 부연하는 총체적 고찰(Some Additional Notes on Dream-In-
　　terpretation as a Whole)」, 1925.

「부정(Negation)」, 1925.

전집 20권 ────────

『억제, 증상, 그리고 불안(*Inhibitions, Symptoms and Anxiety*)』, 1926[1925].

『비전문가에 의한 정신분석의 문제(*The Question of Lay Analysis*)』, 1926.

전집 21권 ────────

『문명 속의 불쾌(*Civilization and Its Discontents*)』, 1930[1929].

전집 22권 ────────

『새로운 정신분석 강의(*New Introductory Lectures on Psycho-Analysis*)』,
　　1933[1932].

전집 23권 ────────

『모세와 일신교(*Moses and Monotheism: Three Essays*)』, 1939[1934-1938].

「종결 가능한 분석과 종결 불가능한 분석(Analysis Terminable and Intermin-
able)」, 1937.

「분석을 통한 구성(Constructions in Analysis)」, 1937.